修行

一九九五年．台北清泉會館

目錄

夢參老和尚略傳

夢參老和尚生於西元一九一五年，中國黑龍江省開通縣人。

一九三一年在北京房山縣上方山兜率寺出家，法名為「覺醒」。但是他認為自己沒有覺也沒有醒，再加上是作夢的因緣出家，便給自己取名為「夢參」。

出家後先到福建鼓山佛學院，依止慈舟老法師學習《華嚴經》，該佛學院是虛雲老和尚創辦的；之後又到青島湛山寺學習倓虛老法師的天台四教。

一九三七年奉倓老命赴廈門迎請弘老到湛山寺，夢參作弘老侍者，以護弘老生活起居半年，深受弘一大師身教的啓發。

一九四〇年起赴西藏色拉寺及西康等地，住色拉寺依止夏巴仁波切學習西藏黃教修法次第，長達十年之久。

一九五〇年元月二日即被令政治學習，錯判入獄長達三十三年。在獄中，他經常觀想：「假使熱鐵輪，於我頂上旋，終不以此苦，退失菩提心。」這句偈頌，自我勉勵，堅定信心，度過了漫長歲月。

一九八二年平反，回北京任教於北京中國佛學院。

一九八四年接受福建南普陀寺妙湛老和尚、圓拙長老之請，離開北京到廈門南普陀寺，協助恢復閩南佛學院，並任教務長。

一九八八年旅居美國，並數度應弟子邀請至加拿大、紐西蘭、新加坡、香港、台灣等地區弘法。

二〇〇四年住五台山靜修，農曆二月二日應五台山普壽寺之請，開講《大方廣佛華嚴經》（八十華嚴），二〇〇七年圓滿。

二〇〇九年以華梵大學榮譽講座教授身份來台弘法，法緣鼎盛。

二〇一七年十一月二十七日（農曆丁酉年十月初十申時），圓寂於五台山真容寺，享年一〇三歲。十二月三日午時，在五台山碧山寺塔林化身窯荼毗。

第一講　學三皈依

諸位道友！時間過得很快，我離開這裡已經整整兩年了，我是一九九三年五月二十號離開，今天則是一九九五年五月十九號。上一次是講解《占察善惡業報經》，這一次因為賢文居士要我再跟大家結結緣，講一講修行的次第。

當我在美國、溫哥華或者到大陸的時候，很多的道友都問我這麼一個問題：「老法師啊！我們不曉得怎麼樣修行？」信佛之後該如何去修行呢？這類問題問得很多，眼前的道友們恐怕也有這個問題。

不論你是學哪一教、哪一個法門，學淨土也好，參禪也好，或是學五教華嚴，學四教法華；既使是在西藏學密宗，學大灌頂，學圓滿道次第，任你學那一法，都有個共同的基本要求，都要做到皈依佛、皈依法、皈依僧。如果沒有皈依佛、皈依法、皈依僧，不稱為佛弟子；不稱為佛弟子，你就不能夠依照佛的教導去做，你便不能領受佛的教導。大家受三皈依的時候，皈依師可能都會跟大家講過—皈依佛、皈依法、皈依僧的意義。所以，你必須先皈依佛、皈依法、皈依僧之後，才算是佛子。

皈依三寶之後，你就依著皈依佛、皈依法、皈依僧修行，這是一切的根本。如果沒有皈依佛、皈依法、皈依僧，修其它的一切法門全不能成就。這不是我說的，而是佛的教導，你連基本的皈依佛、皈依法、皈依僧都沒有修行，你還能修其它的法門嗎？

有的道友也這樣談著：「我的密宗大德好像沒有提這個問題，受過灌頂，我念咒就行了。」這是完全錯誤的。我在西藏連參帶學住色拉寺裡頭，前後差不多將近十年。我所了解的西藏密宗，如果沒有念十萬遍皈依頌，沒磕十萬個大頭，如果沒供過十萬次曼達，沒念十萬遍百字明咒，上師不能給你灌頂，在西藏你是絕對不能受任何法。密宗傳到中國來，變方便了，在中國受灌頂的道友，有哪一位念十萬遍皈依頌呢？連密宗的皈依頌怎麼說怎麼寫的，恐怕還不知道吧！也沒有聽上師講過。我在大陸上，或者是在台灣、在國外，沒有聽人講過。在西藏，上師要講皈依頌，這是最根本的。

因此我想跟大家互相漫談一下，這不算是講解，供大家作為參考。首先，受了三皈依，要先懂得什麼是佛、什麼是法、什麼是僧，要懂得佛的功德、法的功德、僧的功德。皈依必須得這樣做，之後，你再發心。這個發心，說淺近一點，就是發一個信仰心，發心之後，你要修行。怎麼樣修行呢？就是皈依佛、皈依法、皈依僧。你要開始學佛，佛在因地當中，就是這樣修的，他所以後來能夠成就佛果，就是他最初的發心—皈依佛、皈依法、皈依僧。

釋迦牟尼佛最初在因地時，聽到五十三佛的名字，他就輾轉傳誦；傳給三千個人，這三千個人又輾轉傳誦，就種下這麼一個善根。能夠聞到佛名號，讚歎佛的功德。這三千人，就是過去的莊嚴劫千佛，現在的賢劫千佛，未來的星宿劫千佛，僅僅是聞到佛名字的善根，後來都成佛了。諸位道友，現在恐怕不僅僅是聞到佛的名字，還學得很多，那就說明我們一定能成佛。我看有些道友拜五十三佛，經常的拜，一定會成就這些功德。

我簡單寫了一個題目：「學三皈依」。大家聽見了，說：「我學佛很久了，現在才學三皈依？」如果是學佛很久的道友，你聞到了，做為增上緣。如果我現在所說的，你以前還沒有聽到過，那更好了，就照著這個多觀想一下。

我們分成幾個部份，一個是皈依之後一定要發心，如果你心量大一點，要發菩提心。講菩提心就是三種心，我這裡摻雜有密宗的次第。第一是修出離心，對這個世界我們要出離、要超脫，出離就是要離開、要出去。只是你自己出去、離開不行啊，你還要觀想眾生的苦難。

第二，若純粹的只是自己修出離心，就是小乘。單單出離心是不夠的，必須得有大悲心。有了大悲心的出離心，就是希望一切眾生都出離，都脫離苦難。如果我們的大悲心不具足的話，僅僅為了度有緣的眾生，或者六親眷屬，這是情愛大悲，這個大悲心不普遍，必須得平等。我們對一切畜生，不論馬、牛、羊、雞、犬，飛行的、極小的動物，我們把牠們當成人一般的看待，平等看待，這才叫大悲心。一切跟我們不相干，甚至是我的冤敵，就是你最不滿意的那個人，他處處跟你作對，這叫冤敵、冤家，你的大悲心必須先度這些人。

第三是般若心，有了大悲心還必須具足智慧，發了菩提心裡頭必須有般若心。

你要是皈依三寶，必須發這三種心。我們有很多的道友，初受三皈的時候，並不理解皈依三寶的時候，必須先要發出離心、大悲心、般若心。具足這三種心了，發心了，以後就是學佛。

「學佛」不是「佛學」，「佛學」是把佛所教導的當成學問去研究，這叫「佛學」。「學佛」就是佛怎麼樣做的，佛最初怎麼樣發心的，佛是怎麼樣成佛的，他這個道路怎麼走的，我們要跟著他走，他怎麼做，我們就怎麼做，這才是「學佛」。

之後，要消業障。如果業障不消除，你一事無成。有的人說帶業往生；有的人說業不能帶，帶著業生不到極樂世界。為了這個問題，在台灣的大德辯論很多，也有人到美國問我。我對這個問題的看法是這樣，根據我的解釋，如果業不能帶、業不能轉的話，沒辦法生到極樂世界，我們不能帶業；如果說業已經清淨了，我還生到極樂世界做什麼？已經成就了嘛！這說明了是可以帶業往生，因為在蓮池海會還都有業，沒有成佛之前，業只有深重大小差別而已。蓮池海會那些菩薩都還有九品蓮花，九品就是等級，九品裡面下下品的業還是很重的。所以說，業是可以帶的。但是怎麼樣帶？現行的惑業必須消除，如果你現在還是充滿貪心、瞋恨、嫉妒、障礙，煩惱得不得了，你能到極樂世界去？在這個世界你都得不到自在，還到極樂世界去啊？根本不可能。

佛教有這麼兩句話，業如果能轉的話，便沒有因果了，還講什麼因果呢？我前生造了很多業，今生一定要受報的。如果我假藉佛的力量把它轉了，因果就沒有了。業如果能轉的話，沒有因果，因果論就不存在。但是，如果業不能轉的話，沒有一個人能成佛，永遠是眾生，業還是不能轉。這個問題非常的微妙，大家想一想，如果業能轉了，業如果消了，所謂定業不可轉，能轉的是靠三昧加持力；你要是能達到三昧，就沒有這業了。

這兩個問題可以做這樣解釋，當你明心見性，業性本來是空的；罪性本空，是我們的心造的，「罪性本空唯心造」。我們現在參悟了、學佛了，連我們自己的心都不存在，還有什麼罪業可依呢？所以說：「心若亡時罪亦無」，心都滅了，罪也就沒有了；「心亡罪滅兩俱空」，心也空，業也空；「是則名為真懺悔」。要這樣的消業，這樣的帶業。

因此，要怎樣消一切的業？念皈依佛、皈依法、皈依僧。我們念皈依佛，並不是單純念藥師佛，也不單純念阿彌陀佛，也不單純念釋迦牟尼佛。皈依佛，是皈依十方法界一切諸佛。你念皈依佛，就是十方一切諸佛；皈依法，表示十方一切諸法；皈依僧，意指十方一切賢聖僧。除了我們所見到的剃髮染衣的僧眾，在這個世界上還有其他的聖僧。起碼還有釋迦牟尼佛的阿羅漢大弟子。釋迦牟尼佛令一萬六千個大阿羅漢不准入涅槃，他們都在這個世界當大菩薩，行菩薩道。你要是有德了，有因緣了，就會遇見他；你沒因緣，當面就錯過了。文殊、普賢、諸佛菩薩，無時不在，無處不在。我們總是去求諸佛，見不著，因為你的心跟他不相應。為什麼不相應？你的心是貪、瞋、癡、慢、疑的心，不是清淨心，所以你得消業。我在這裡先講四種，第一皈依，第二發心，第三學佛，第四消業。

皈依的時候，一定要先念三寶的功德，先念佛的功德。

我們經常說佛、法、僧三寶，什麼叫佛？佛就是覺悟的覺。當你覺悟了，你就是佛；你沒覺悟，你就是眾生。你現在在哪一道，就是哪一道的眾生。所以你覺悟了，你就是佛。但是覺悟，有究竟，有不究竟，佛也有分證的。依〈大乘起信論〉，最初是「不覺」，現在我們大家都是不覺。不覺，遇到佛、法、僧三寶，皈依佛、法、僧三寶，學佛、學法、學僧，你開始覺悟，這叫「始覺」。覺悟之後，漸漸學漸漸證得，這叫「相似覺」；相似覺悟了，還沒徹底覺悟。要是按菩薩的位置來說，相似覺就是十信位、三賢位的菩薩。從相似覺，漸漸的就能證得了，一分一分的覺悟，就是「分證覺」，就是登了地的菩薩；證得一分法身，消滅一分無明，這叫分證覺。到了究竟成佛，叫「究竟覺」。我們能皈依佛的這是自覺，所皈的是指著究竟覺說的。我們現在只是剛發起覺悟，達到究竟覺悟，因為我們皈依三寶、學佛，能夠漸漸消除自己的業障，漸漸的覺悟，這就是佛。

法，就像我們前面說的，發心要有般若智慧，沒有智慧你辨別不出是非，分不清法是邪是正、是好是壞，你必須先具足分別法之邪正的知見。如果是剛信佛的人，沒有這種分別的力量，可以依據佛的教導、依據經論去辨別，他這個話說得跟佛合不合，如果不合是邪的，如果合是正的。但是經論那麼多，合於這部經，又不合於那部經；合於那部經，又不合於其他的經；佛說法是對機的，對於這一會說得深一點，對於那一會說得淺一點，我們應該怎樣判斷呢？大概有一個規定，有一定條件的。佛說一切法都是無常的、一切法都是空的、一切法都是無我的、一切法都是苦的，就是苦、空、無常、無我四法印，拿佛所說的四法印來印證別人所說的法是不是真諦，你可以依此辨別邪正。

僧寶，就是他本身脫俗了、放下了，離開了家室之累，看破紅塵出家。我們經常說遁入空門，就表示他離緣清淨，住持佛法就得靠僧。

我們總說佛、法、僧三寶，自己要是覺悟了絕對不會迷，迷了就不覺。人家說我們佛教徒迷信，其實我們不迷信，我們是正信，因為我們不迷。說我們迷信的那個人，迷了，他就不信，就說你是迷信，其實他才迷信。迷的人絕不會有信仰的，看他迷得深淺，如果迷得重了，搞得精神分裂，他不但不信佛，什麼都不信，什麼也不知道。像植物人，他信什麼？什麼都不知道，他才迷了，他連四肢都不能動，眼、耳、鼻、舌、身、意，六根不能使喚，這就真正迷了，他還信什麼呢！所以我們不是迷，如果聽人家說我們是迷信，我們只是笑一笑而已，不必去辯白。因為那人是個糊塗人，你跟他說不清楚的，越說越麻煩，他沒有這個善根，乾脆就不要說了。

內心一定要明朗，內心很明朗，惑也沒有了，無明也沒有了，都消失了。

又具足一切大悲跟大智慧，這都是佛的力量。他把一切眾生看成獨一的兒子，他對眾生是平等的。我們能不能這樣做？我們這個心，必須發願朝這個方向去走，現在做不到，將來我們一定能成佛、我們一定能夠成道。對於一切眾生平等，對他們施以教法。教法就是把佛所說的法，都傳授給他們。

我們學佛的人，不論哪一批弟子，都是善根深厚的，很少是性靈矇昧的。有些迷惑深的弟子，就是鈍根的。有些人很聰明，一學就會，老師很高興，願意教他。有的人很鈍，教十遍、百遍，過去就忘了，乃至聽都聽不進去。要是具足佛的大悲智慧、平等心，對於難教的弟子沒有厭惡心，對於好教的弟子也不要放縱，一律平等施教。

皈依法，我們剛才講的，法是要分邪正的，什麼是邪法，什麼是正法。其實法本身沒有正，也沒有邪。那為什麼還說邪知邪見、正知正見？我們為什麼要起這個分別呢？因為我們的心不平等。正知正見順著法義、順著性體，很快的達到平等性；逆著法性的，也是具足法性，但是它不能夠合乎法性的理體，它的清淨就需要很長的時間。所以凡是離開我執我見的，絕對是正法；凡是具足我執我見的，一說起來就爭得臉紅脖子粗，這就有點著了邪道。

但是需不需要爭呢？永嘉大師在他的〈證道歌〉裡有這麼幾句話，「圓頓教，無人我」，圓頓教是不講人情的；「有疑不決直須諍」，如果你認為這件事不對，你懷疑，你可以跟他爭論；「非是山僧爭人我，修行恐落斷常坑」，我們修行人，如果把是非辨別明白，不是落於斷見，就是落於常見，落斷見也是邪道，落常見也是邪道，說常不可以，說斷也不可以。這個性體是平等的，必須像《金剛經》說：「無我相，無人相，無眾生相，無壽者相」。離開事相，這個時候無我、無人，才能夠清淨。清淨的法就是正法，若違背這個涵義，就不是正法。

佛所說一切法就是對我們身、口、意三業說的，目的是轉變我們身、口、意三業。佛經講「轉」，並不是消滅。把貪、瞋、癡轉變了，就變成戒、定、慧了。貪、瞋、癡，跟戒、定、慧，性體是一個的。我們只是在法上這樣明白，但是我們自己必須要觀照。自己先明白了，你再說出來給別人，別人才能明白。如果你自己沒有觀照功夫，自己還模稜兩可，還搞不清楚，你說給別人聽，弄得別人也糊里糊塗，始終不能清楚理解這個意思。

還有，皈依佛、法、僧的弟子，是為了求解脫，求解脫是為了自在。不是說皈依三寶，入了佛門，還在爭閒氣，還在爭人我、爭是非，這裡不可以，那裡不可以；要合掌時，挑剔這麼合不對，那麼合不對，合得正也不對，那個都不對，沒什麼涵義，用不著這樣。不過，如法的，你進步快；不如法的，當你自己慧開了，自己會調整適應。每一法最初都是摸索的，等你自己用功用得相應了，你就從中生出智慧，得了智慧你就能夠調整你所修的法，知道該這麼修了。

你必須能夠轉化三業，依著這個法就能轉化你的三業。怎麼轉化呢？譬如說我過去很慳貪，學了佛法之後，還是不肯施捨。大家不要誤會，說我要求他布施錢，不是這樣的涵義，這個意思太狹小了。我所知道的道理，能夠布施給別人，轉施給別人；我所聽到的佛法，我就馬上轉送給別人，讓他也能知道。這比你供養他好多財物，功德還要大。我經常跟道友說，供養師父不一定給紅包，你要是在家念部經供養他，他也得利益，你也得利益，大家共同成佛，這叫法施，以法布施。法施的功德比財施的功德還大，就是把自己施捨了。

還有，經常給人家歡喜，不論跟自己的眷屬、親朋好友，乃至於自己冤家，他對你瞪眼睛，或者向你發脾氣，你就笑一笑，總不跟他對瞋。經常布施歡喜，使你自己沒有怒容，總在轉你的怒，轉憤怒變成無限的寬恕慈悲。經常這樣的觀想，你就是修彌勒菩薩行，是彌勒佛。學佛是學一切佛，哪一佛你都可以學。之後，你就能夠依著佛所說的方法傳述給別人，這樣大家就能夠把憂苦拔脫了。

許多人都是有很多的憂愁苦惱，雖然生活不餘匱乏，但總感到有所欠缺。欠缺什麼呢？他不自由，或者病，或者煩惱，自己解決不了，這都叫痛苦。給他慈悲，這是皈依佛的人、皈依法的人應當做的事情。

皈依佛、法、僧了，就轉愚癡。我們經常說：「我太愚癡，一點智慧也沒有！」你轉化一下，你為什麼不要愚癡？你皈依佛、法、僧的目的，只是要聰明嗎？是要有智慧。有了智慧就是醒悟，不再迷惑。學佛並不是只有一句「阿彌陀佛」，一句「阿彌陀佛」包括不了。有的人這樣說，古來祖師也這麼教導我們一句「阿彌陀佛」就可以了，念一句「阿彌陀佛」都包括了。如果是這樣，釋迦牟尼佛何必還要說法四十九年呢？教大家念一句「阿彌陀佛」就好了，釋迦牟尼佛也省事，我們後來的學者、弟子也免掉那麼多的辛苦，是不是啊？

〈大乘起信論〉說得很清楚，這是由於「其根下劣」，他的根性很劣，對於佛果菩提道生怯弱心，就念佛好了。不過，念佛法門怎麼念呢？也不是那麼簡單的，說念一句「阿彌陀佛」就好了，不見得這樣子。你用哪個心念佛？如果用瞋心念佛，用貪心念佛，用愚癡心念佛，只求自己得到好處，這樣來念「阿彌陀佛」，你生不了極樂世界。你必須有清淨心，你皈依三寶之後，具足了清淨心，修哪一法都可以，修一也可以，修多也可以。如果你沒有清淨心，充滿貪、瞋、癡、煩惱，自己的心跟自己過不去，煩惱得不得了，這樣子學法，是沒辦法辨別清楚的。

一定要把法的義理辨別清楚，一切法都有事有理，有事相上修，有理相上修。我們講的是事相上修。理上皈依的三寶，是你自己本身具足了佛、法、僧，現在我們講的是事，先不講理。

有了智慧，世間一切的現相，你能忍受得了。譬如別人以非理辱罵你，非理騙你錢，騙你一、兩百萬，乃至騙你傾家蕩產，你能忍受嗎？你要歡歡喜喜的想：「我的業障可消了，他替我消業障。」要是有這樣的心，你當下就是菩薩，就是佛。你有沒有這樣的心？你雖然不跟他打官司，往往也會抱怨幾句：「他太壞了，這個人太壞了！」這種情況是每一個人都會發生的，因此，你必須有這種智慧，能忍受。凡是世間一切種種加害於你的，都能忍受。第一個觀念，認為這是我過去業障所感的；第二是認為這是幫助消業障，促使自己快一點成佛。你若能這樣觀想，也就心安理得。

我們皈依佛、皈依法了，就要觀想一切事物都是無常的。既然是無常的，你才能看得破。時間很快就過去了，我的困難、我的苦惱，一下子就過去了。中國的儒教思想有一部份跟佛學很接近，他們勸人的時候就這樣勸說：「花開花謝，時去時來，福方慰眼，禍已成胎。」眼看著又升官，又發財，一切都順利，其實你的禍根就在這時候種下了；禍一來了，全部沒有了。

我們看過去歷史上，考上狀元，一帆風順，一直當到宰相，官當到頂品了，一人之下萬人之上。一下子，或者得罪同僚，或者得罪皇帝，下頭這麼一攻擊他，上頭這麼一發怒，傾家蕩產，你什麼都沒有，當下就光。所以，得也別高興；失了，也不要悲哀。「得何足慕，失何足哀」，得沒什麼好羨慕的，失了也用不著悲哀。「得失在彼，敬憑天裁」，這個「天裁」，就是我們佛教所說的，你所作的業，業因如何，業果一定如何，因果不爽，自然該受的，你就受了。你這樣來分析，這樣來認識，一切事物無常，像幻化一樣的，沒有一堅固性，你就不貪戀了。

不貪戀的話，你就沒有恐怖。平常這樣觀想的人，要是丟了什麼，或者命沒有了，心想：「好了，我再轉一段生死吧。那一段生死我可以生天，我可能到極樂世界去了，可能在來生，我的罪就消了很多。」以這種觀念離開這個世界的人，當然會得好處的，因為你不再癡迷了。

有些人當他得勢或是升官、發財的時候，他六親不認了，他不了解這些是不常的，反而傲慢得不得了。或者是他有學問，輕視沒學問的；或是他有財富，輕視窮人。這些都不可以，要把驕慢轉成謙恭卑下。

例如說，戰國時候，齊國的宰相晏子，為人非常的謙虛，小心謹慎，很怕說錯話，或做錯一件事情。那時候古來宰相，沒有汽車可坐，他們都是趕著馬車。給他駕御馬車的御夫，就因他給宰相趕車，便驕傲得不得了。這位御夫的夫人，有一天在門縫，看見他先生給宰相趕馬車那種驕傲的樣子，他太太歎氣了。他回到家後，他太太要求跟他離婚。他說：「為什麼？我沒有一點兒錯，也沒什麼錯事，妳為什麼要離婚？」她說：「因為你的行為。」他說：「我有什麼行為不好？」她說：「你給誰趕車？」他說：「給丞相。」這一說，他那股驕傲勁兒又來了。她說：「你看見丞相是什麼態度沒有？」他說：「沒注意。」她說：「丞相坐在車裡，謙恭謹慎。你給人家趕車，坐前面，驕傲的趾高氣揚，不得了了，不可一世。像你這樣的男人，我跟你過一輩子太冤枉了。」

這雖然是個笑話，涵義非常的深，大家想一想，沒有什麼可驕傲的。釋迦牟尼佛為天人之師，我們看他的弟子，佛所教化的玉皇大帝、梵天王，他面對一切眾生施捨的時候，都謙卑屈下。《地藏經》說得很清楚，國王、大臣、婆羅門、長者，如果他們布施的時候，謙恭卑下的給六根不全的貧窮人，親手布施，軟言慰喻，說著很柔軟的話安慰他們。這樣子才積福德，要是這樣的來做，你就是佛弟子。

你皈依佛門了，人家看看我們佛弟子是什麼樣子，現在我們佛弟子是什麼樣子？我不說了，大家可以看得到的。不說優婆塞、優婆夷，看看比丘、比丘尼又如何？應該不應該這樣學？大家應該學謙恭卑下，當然我們認為這是正業，佛教我們要慈、悲、喜、捨，我們一定對一切眾生有一個大慈悲心，慈、悲、喜、捨。這比我們保存的最寶貴的珍寶還珍貴，比我們的生命還珍貴，你絕不能驕傲，永遠生歡喜心，看見一切都生歡喜，這都是我們過去世的父母、未來的諸佛，我們有什麼可驕傲的呢？如果大家真正對佛法不懷疑的話，每部經都是這樣教導的，一切眾生都是未來諸佛、都是我們過去的父母，這樣子你還能驕傲起來嗎？這是轉化你驕慢、愚癡、貪戀的心。

還有，我們都是佛弟子，皈依三寶了，我們對佛法有沒有疑心？有沒有懷疑？一般的正常生活當中，你皈依三寶，你不懷疑。但是生活遇到挫折，在你人生的旅途當中，遇上不如意的事了。甚至於皈依三寶之後，比以前更不如意。沒有皈依三寶以前還不錯，皈依三寶後突然變壞了，你產生懷疑了：「三寶加持是真的嗎？要是真的，為什麼不加持我呢？我倒了楣了。」我現在聽到很多弟子這樣說，說他有病也好，兒子不聽話、家庭不和也好，無論任何事兒，他都推到佛、法、僧三寶：「三寶簡直不加持，我還遇到這些事兒。」

〈地藏菩薩感應錄〉裡頭有這麼一段故事。以前有對老夫婦，五六十了，生了九個兒子，九個全都不聽話，都是忤逆。他倆也很悲哀，認為：「也許我們過去沒做善事，今生也沒做什麼善事，才遇到這些事兒。」就請了一尊地藏菩薩像供奉上了，也常念《地藏經》了，這樣子可好了吧？恰恰相反的，自從供上地藏菩薩、念《地藏經》開始，一年死三個兒子，沒到兩三年，九個兒子全死了。到了過年的晚上，兩位老夫婦想不通，就跪在地上，往地藏菩薩的像前發牢騷說：「地藏菩薩！我們信仰你，但是，怎麼皈依你了，九個兒子全死了。你有沒有加持我們？」

禱告一番後，當天晚上的心情當然不高興了，我們可以想像得到的，那就睡覺去了。一睡覺就作夢了，老頭子夢見地藏菩薩來了，說：「明天，到河邊去看看，你九個兒子都跟你見見面。」他一想，作的夢只是夢。隔天早上，他就跟他老婆婆說：「我昨天晚上作了個夢，地藏菩薩真靈，來了跟我說，要我們到河邊看看我們那九個兒子。」她說：「我也作個夢，跟你一樣呢。」他說：「好！我們倆個人到河邊看看，看我們那個夢靈不靈。」他們倆到河邊去了。

到河邊去看了，第一個先現的是大兒子的相，之後馬上就變了，不是他大兒子，就變成相貌凶惡的人，很瞋恨的罵他們兩個人說：「你們倆怎麼貪我的錢，怎麼害我的命，我現在來報應，來找你們要錢，算帳來了。但是菩薩給我們改了，我們得生善處，我們這筆帳算了。」九個兒子大概都是如是這一類，因為前生、今生的關係。

他們倆個人就此心平氣和了。這是他們自己的事兒，前生不知道，今生他們做了，大概有三個兒子是他們害死的。他們知道了，再也不敢抱怨菩薩了，回來跟菩薩磕頭求懺悔。這天晚上又作個夢：「好了！念你們兩個對我祈求，我給你們送個兒子來。」兩個老夫婦都作同樣的夢。她老頭說：「妳現在都快六十了。」老婆婆經期一閉了，怎麼可能再受孕呢？不可能。但是他們倆個人每天還是誠誠懇懇的念《地藏經》、拜地藏菩薩，隔不了一個月，老婆婆居然懷孕了。等到十月滿了，平平安安的生兒子了，一點困難都沒有。他們想：「這個兒子一定孝順，因為是地藏菩薩送來的。」不錯，他們兩個老頭子活一百多歲，由這兒子安慰照顧他們的晚年。

你說業能轉不能轉？一念善心起，百萬障門都消失；一念惡心起，百萬障門都開了。定業不可轉，三昧加持力，能轉不能轉？這都是你個人的心。我們現在心裡如何？如果你對佛教都是懷疑心，你又怎麼能得到它的好處呢？一邊念《地藏經》，一邊懷疑：「這麼多鬼啊！」非常害怕。有些人念《地藏經》，心生害怕，或是身體發燒，一會兒身上發冷了，一會兒看著念經，一會兒又坐著。這種現相確實有的，我念《地藏經》有時候也有這種現相。什麼原因呢？好比拜懺，你在前頭拜，感覺後頭來個人參加拜了；等到你拜完，回頭看，沒有了，還是原來那幾個人。為什麼有這種感覺？

或是你念《地藏經》，混身發燒，天氣很冷，但是你身上突然間發燒，有時候身上發冷。《地藏經》說得很清楚，你自己沒有注意，地藏菩薩說這是因為你過去的六親眷屬，或者你多生累劫的眷屬，由於你念經，他們來求你超度。

這一次我回來的時候，有一個道友是念《地藏經》的，他念《地藏經》的時候好像有個東西進入到他身體來，嚇得他不敢念《地藏經》，感覺到這個東西總是在纏著他、磨著他。他問我，我說：「他找你超度，你繼續念，不需要多久，這種現相就會沒有了。他找你超度，你不但不超度他，反而不念，他更煩惱了，更找你的麻煩。你繼續念，沒關係。他不是餓鬼道，鬼道是出不來的，或者他是在富裕的鬼道，他想求你讓他超脫鬼道。」這種種現相，《地藏經》其實都說了，你只念經文，根本不曉得經義，你可以注意一下，經裡說些什麼。

每一部經、每一部論，都告訴你修行的方法，像我們念《金剛經》的人，有沒有想一想《金剛經》說什麼？你怎麼樣依《金剛經》修行？不注意這些問題，只念文字而已，念了三年還如是，一點轉變也沒有。學佛法要用到你的心上，去變化你的心，變化你的態度，一切全變，你對佛法簡直不會再懷疑了。就是轉變你的心，變成一個清淨的、清涼的信心，真信不疑，你再用起功來，比以前增加百倍。

一定要相信業果不失，千萬別做錯事兒，沒心眼的事兒不做。如果我們不知道這是惡的，糊里糊塗做了，這種業好消，念經就消了，這是無心之過。在世間的法律，凡是無心的，它給你減刑；佛法更是了，你不是有意，你是以善心作惡事的。以善心作惡事的也很多，但是，沒有什麼過錯。一個善心的人甚至於殺人，他殺這個人為救那些人，這樣子殺惡人就是善念，就是菩薩道所行的。但是，要受果報。你殺他，要還他命債；但是，你度了那些人，是你行菩薩道。善惡因果一定要分得很清楚。

還要信你自己的心是清淨的。心本來是清淨的，是你後來給它增加負擔，犯了很多的錯誤，給它增加了業，一生一生的，越迷越深，越深越造。你可以消除這個果報，從你現在的善念開始，善念逐漸增加，善果逐漸生起，惡果逐漸消失。

還要相信一切眾生都是可以度的，沒有不可度的眾生。說有不可度的眾生，是你的菩薩心不夠。沒有不可度的眾生，不過是有緣、無緣。緣成熟了，你一說，他就信了。你說法，他一修就成了，這就是緣成熟了。

我們大家都知道「生公說法，頑石點頭」的公案。「生公」就是道生法師，他是道安法師的弟子。他在南京自己悟得了，認為闡提有佛性，不過，當時很多的佛經都說闡提沒有佛性的。他自己從經裡頭悟得了，很多大乘經典說一切眾生都有佛性，為什麼闡提沒佛性呢？闡提只是性不具，當他性具的時候，又可以恢復了。他就提出這麼一個論點，認為闡提有佛性。

那時候他的同學，乃至於他的師兄弟、道友，都說道生法師墮了邪見。

同時這裡頭也摻加著爭奪廟、爭奪名，道生法師那時候很有名望，大家就排斥他，逐出僧團，不承認他是佛弟子。他就氣不過，到了虎丘山，以大石頭做身，小石頭做腦殼，對它們發願說：「我跟你們諸位說，如果我說的是錯誤的，我下地獄去；如果我說的是沒錯，闡提真有佛性，你們點頭，點腦殼。」他說：「我認為一切闡提都有佛性，一切眾生都有佛性，都能夠成佛。」他這樣子說的時候，石頭都點了頭。因此就留下這麼一個公案，「生公說法，頑石點頭」。

後來《大般涅槃經》翻成中文，傳到長安，《大般涅槃經》裡頭佛臨涅槃時囑咐：「一切眾生都有佛性，闡提也有佛性，過去我說的是善巧方便。」大家才知道，他有先悟之明，那些大德再來向他求懺悔。

相信眾生都可度，只是我的德不夠，我跟他沒有因緣，我度不了他，別人也許可以度他。但是一定相信他也是能成佛的，這叫信心，這個信心很不容易的。當我們的冤家，或是害我們很深的人，你看見他，氣都氣死了，你還相信他有佛性，應該咒他下地獄才好。

我在紐約有遇著這麼一件事，有一位跟我天天拜懺的弟子，她是馬來西亞的華僑，在郵政局工作。她對面坐的是位美國小姐，那位美國小姐看不起她，一天搗她的蛋，連停車位也給佔上，讓她停不進車。兩人共用一個辦公桌，做些小動作，使她煩惱得要死。她來問我：「師父！我拜懺，怎麼樣發願讓她倒楣。」我說：「妳錯了。」她說：「那怎麼辦？」我說：「妳發願讓她降伏。」「啊！她這麼害我，我讓她降伏，我給她拜懺？」我說：「妳不是想得快樂嗎？妳要是把她轉過來，妳把她度了，妳也得快樂啊！妳要聽我的，妳每天到了中午要吃飯，妳多買個麵包，多買份咖啡給她，說供養她的，妳待她很好，處處的討她喜歡。拜懺的時候，就向佛菩薩迴向，要佛菩薩度她。她沒有信心，就做這些惡事、害人的事兒，她會越做越深。」我說：「你聽師父的話，做一個禮拜看看。」她做到第五天，那位美國小姐對她特別好，她就信了。當然不見得這些事都這麼靈，也許妳跟她冤業結得很深，不是短短幾天可以化解。她只是瞧不起華裔而已，妳這麼對待她，她咖啡一喝，麵包一吃，什麼也就忘了。

所以對待一切眾生，一定相信他們是可度的。二年前，我在這兒講過《占察善惡業報經》，發起這部經的菩薩叫堅淨信菩薩，他的信心非常堅定，我們應當學他，相信三寶的力量，不要懷疑。不然只責怪自己業障重，修得不相應，誠心不夠，信心不誠實，做佛事的時候不一心，三心二意的，裡頭夾雜著很多的污染。我們不是以清淨的信心學佛，而是夾著很多其它的雜染心來學佛，所以你得的果是雜染果；佛法的果德或者有，但中間夾著很多不如意的事情，這是你自己種的因，你不要向外找，就找你自己好了。

同時，你信得堅定了，不管外緣如何，好緣則信心更加增長，你修行進步得快一點；如果外緣不好，受盡了挫折，你毫不動搖你的信心，你才有所成就。大家信不信？我就是這個例子，我是坐了三十三年監獄，我從來不隱瞞。坐監獄的人是不是好人？我坐了三十三年，出來之後，就在中國佛學院教書，而後，人家又請我回閩南佛學院。到了美國、加拿大，或是在各地，我看道友都對我還很好嘛，我還不是很壞的壞人。什麼意思呢？當你受挫折，你不要隨便失掉信心，不要認為三寶沒加被，是你自己業障現前。或者因為某種因緣而失落，都沒關係。不能夠因為遇到挫折，因而感覺「我很冤枉」。世間是平等平等的，佛法從來是平等的，一切事物都是平等的。

你看見不平等的現相，為什麼他那麼做，為什麼？他的業。你要是曉得了善惡業果，你才知道一切平等。你現在所受的苦，是你自己作的業，你怪誰啊！你看人家有錢，同樣當醫生，怎麼到他那邊看病的多，到你這邊看病的少。你過去跟這些人沒緣，誰會來讓你看病。也許你看了這些病人，不但不好，反而加重。這都有一定的因緣，你千萬不要抱怨，你要相信善惡因果。

如果皈依三寶的弟子，連堅定的信心都沒有，對佛、對法沒有信心。他又抱怨了，說：「我沒遇著個好師父啊！」有些弟子問我說：「老法師啊！你能不能給我介紹一個好師父？」我說：「你要什麼樣的好師父呢？」他說：「像弘一法師那樣的，像慈舟法師那樣的，像以前的那幾位大德。」我說：「那幾位大德，你在他跟前，你會氣死他啊！當時你或者就不信他，你現在沒有那份福德。」我說：「你的福德，也只是遇到我這樣的和尚。你能遇到我，也算不錯了。如果再待幾年我走了，你也找不到像我這樣的和尚。」我說：「若是你有福德，有的是大德，我可以給你說十幾個，幾位現在在台灣。正覺精舍的道海法師，南林精舍的了一法師，現在到美洲來的妙境法師等等，都不錯嘛。你的心沒有福德，你看人家都沒有德，其實是你自己沒德啊！」

有個故事大家應該知道，這個故事我經常說的。蘇東坡跟佛印禪師兩人散步，蘇東坡就問佛印禪師說：「你看我像什麼？」蘇東坡身材胖胖的、大大的，又是作官的，佛印說：「簡直像尊佛啊！」他很高興，又一邊走，又說：「你怎麼不問我啊？」「我問你做什麼？我沒什麼可問的。」「你應該問我，你像什麼？」佛印禪師：「好！我問你，你看我像什麼？」蘇東坡說：「我看你像狗屎。」之後，回到家裡，蘇東坡就跟他妹妹蘇小妹說：「今天，我把和尚贏了。」蘇小妹說：「你怎麼贏人家的，我可以聽聽嗎？」「好！我跟妳說。」他說：「我問佛印，我像什麼，他說我像一尊佛。後來他不問，我叫他問我，他問我說他像個什麼，我說他像狗屎。我是佛，他是狗屎。」蘇小妹說：「你贏了？你輸了。」「我怎麼輸的？」她說：「人家是佛心，看你看一切都是佛；你是狗屎心，看人看什麼都是狗屎。」

雖然是則故事，我引這個故事是要說明，我們看人家，你把別人當佛看、當佛想，你乃至給他合個掌、恭敬一下，你是對著佛了，你種多大的善根。你如果看他是個眾生，乃至看他是地獄爬出來的，或者你罵他幾句畜生、狗，你就造罪了。這個道理懂了嗎？

不因為外緣如何，而使你堅定的信心起變化，這點特別重要。信三寶的人，要相信佛、相信法，一定要建立這麼樣一個堅定不移的信心，對一切事物不要懷疑，這都是你的因果報應。因果，前生、多生，錯綜複雜得很，很難把因果說清楚。我們講《占察善惡業報經》，善惡因果，我們還是講不清楚的，善惡困果複雜得很，善中有惡，惡中也有善。必須得有大智慧，你才能把善惡因果講清楚。

還有嫉妒，看別人有好事，他不讚歎隨喜，「這應該給我，怎麼給他了」就嫉妒，不能隨喜。在普賢十大願的第五大願「隨喜功德」，看到一點小事，一點點好事，你隨喜，隨喜你就有一份，見者有份。你也隨喜，他的功德就分給你一份。如果人家有好事，你不但不生歡喜，你還嫉妒；這一嫉妒，就下地獄。

如果看人家讀《地藏經》，禮拜地藏像，你在旁邊讚歎隨喜，很恭敬，你跟他的功德一樣。你要是一謗法，下地獄去；千佛出世，你還在地獄裡頭，這是《地藏經》說的。不要因為人家做了好事而給人家生起種種的障礙，不但不隨喜還嫉妒，嫉妒就想破壞。不論是商業也好，乃至跟人家相處也好，禮佛拜懺也好，隨便任何事情，都應當生起隨喜，歡喜讚歎。

要時時注意照顧你的身、口、意三業。為什麼對每一位受三皈依的弟子，我一再囑咐他們：「你晚上睡覺前，要念十聲『皈依佛、皈依法、皈依僧』。早上一醒來，一睜眼睛，什麼都沒幹，就念『皈依佛、皈依法、皈依僧』。」這是什麼涵義呢？就是使你念念不忘三寶。你白天一起來，在家俗務很多，你恐怕會忘記念，如果早些時候把它念好，存到那裡頭，「白天沒念，我早上已經念了」。晚上一睡覺，這一天事情都過了，到晚了，夜間怕作夢啊，作夢的時候也不忘三寶：「皈依佛、皈依法、皈依僧」。多念一點更好，最少要念十遍，早晚相續，轉變你的貪、瞋、嫉妒，這樣子你會生起一種純粹的清淨心，這也叫修行。

我們好多道友，皈依佛之後會問：「師父啊！怎麼修行啊？」這也行，那也行，並不是說要打坐，在那兒閉上眼睛參禪，這才叫修行。在你日常生活當中，隨時隨地你都在修行，不是善就是惡，不是天堂就是地獄，不是佛道就是菩薩道，或是聲聞道，要善用其心。

我們讀《華嚴經》的〈淨行品〉，智首菩薩問文殊師利菩薩說：「要想成佛，要想得無上智慧，要想斷一切煩惱，應該如何？」文殊師利菩薩就告訴他：「佛子！善用其心。」四個字，「善用其心」。後來智首菩薩又問他：「怎麼樣善用其心呢？」文殊師利菩薩說：「念〈淨行品〉，發一百四十一願就可以了。」要善用其心，你要保持一顆純淨的心，依此來做一位清淨比丘。這裡就說到僧寶。

前面講到一些法，淨法也有，染法也有。佛已成就了，他是純淨法的，他說這些染法，是讓我們認識的，讓我們分析的。在我們身上存在的究竟是什麼，我們每一位道友都可以對照一下，你拿佛、法、僧三寶對照一下，這就叫修行。

另外修什麼？修神通？修觀？「神」者就是自然的心，「通」者就是你的智慧，慧是一切通達的，其它的神通都會失掉的。不論在大陸，或在加拿大，過去有一位有神通的人，現在全沒有了，神通是可以失掉的。或者過去報得的神通，也可以全部失掉。

那種神通只會害你，對你沒有幫助。佛為什麼制止比丘，不讓他說？大菩薩有神通，你能夠現神通利益眾生，但是不能讓眾生知道你在現神通；如果知道你現神通，是犯錯誤的。所以為什麼道濟禪師又喝酒，又吃狗肉，做那些完全不持戒的樣子？他不讓你知道他有神通，他用這些方便善巧來利益眾生。

做為一位你所尊敬的僧人，他能夠自己用他的行門、用他的修行淨化他的身心，他給你的都是慈悲、喜捨、歡喜。你找他解決問題，他能幫助你，但是他的力量不見得夠。你得靠自己修，他能輔助你，使你自己修，告訴你佛所教導的方法。你自己做，再加上他的幫助，你跟著共同去做，效果會很好。有病苦也會產生其它的轉變，但是你自己得先有個純淨心，不能摻雜雜染心、害人心。你想發財，讓別人受窮，這是絕對不可以的，這個財也發不了。要是大家都發財，還差不多。但是商業競爭，大家都發財，你的那份兒恐怕也沒有了，你還是有顧慮。所以就看你怎麼樣子來修行、來做。

我們有些居士也在弘法，我是贊成的。但是，你弘哪一法，你自己要做一做。如果你完全沒做，你說了，人家能信你的嗎？如果不信你的，影響佛所說的法，因為你不清淨。你必須得自己做，先有清淨心，這個法才能傳下去，才能弘揚。如果你自己不稱職，只講這個法，而自己完全不做，佛種還是會斷的。你必須修，當然不必修到全證得了、全部相應了，但是人心、佛心，心心相印。所以《華嚴經》說：「心、佛與眾生，是三無差別。」《華嚴經》裡頭，在夜摩天宮，覺林菩薩讚歎佛的偈子，他讚歎很多，就標舉一個心，就是眾生心。

就像有一位大醫王的佛，醫一切眾生的貪、瞋、癡、無明的病；又有他所說的藥，對治病的藥，那就是一切法；又有護持這個法，護持這個藥，給你抓藥的清淨聖僧。雖然現在聖僧難得，只要他自己能夠修持，一般的僧寶就過得去。因為我們現在是末法，我們自己的德也沒有那麼高，所以不要要求太高了。就是那些大菩薩來了，你也認不得；他不顯露，不會讓你認識他是大菩薩。

佛法都是靠自修的，沒有從外頭加入的。佛只能把他的方法告訴你，只能加持你，使你能夠修。如果觸到魔障，可以用這方法對治，如果你常念聖號，他可以幫助你。但是，你得念他，如果你不念他，他也幫不上你。

無著菩薩在印度的時候，修彌勒菩薩慈心觀。他在山裡坐了十年，專心修慈心觀，對一切眾生慈悲，修了十年，什麼都沒得到。例如我起火，燒這鍋水，燒了十年，看看水還沒有熱氣，連溫度都沒有。他退心了：「唉啊！我修了十年，功夫白費了，還是下山去參學參學。」他就往山下走，碰見一個老太婆，拿著很粗的鐵杵在那裡磨。他感到不解地問：「老太太！老太太！妳這是幹什麼用啊？」她說：「磨繡花針，我女兒要出嫁了，我磨個針給她作嫁粧。」無著菩薩就笑說：「妳太愚癡了。等這針磨好了，妳女兒還等得及嗎？早都死了，不用說嫁了，妳還磨得成嗎？妳好大年紀了？」她說：「我不管，功到自然成。」

無著菩薩一聽覺悟了，他說：「我這十年功夫還沒到，所以沒成，繼續再修。」又修十年，還是沒得到。這回下定決心，不修了，再度下山。走到山底下，山底有條水溝，水溝裡面有一隻狗，這隻狗的肚皮長著蛆，流膿，牠就在那邊叫。無著菩薩修了二十年的慈心觀，境界現前了，該慈悲吧！他沒出家之前是個醫生，專治膿腫瘡的。他一想，嘆口氣，他說：「要是人，我可以給他治治；但是一隻狗，太髒了。」大悲心發不起來，他就走。走了一段時間，又想：「不對啊！我修了二十年慈心觀，怎麼修的？」又回來了，給牠治。看一看，確實髒得不得了，沒辦法做，因為治這種病得用他的嘴去吸。他一看這條爛狗在那兒，他又走了。走了第三次，又下決心回來給牠治。他閉上眼睛，當他給牠吸的時候，他想一吸就吐出去。可是一吸到口裡，剛想要吐，「嗯！不對，味道怎麼這麼美妙啊？」他一睜眼睛，哪是狗，是彌勒菩薩在那邊。他心裡想：「彌勒菩薩！我修了二十年，你都不現前，臨時還考驗我一下。」彌勒菩薩說：「我天天在你跟前啊！你也看不見我，也不肯理我，我也沒辦法啊！」

佛菩薩天天在我們跟前，我們自己不能夠理解。所以你睡覺，你的一切行動，佛菩薩是無處不現、無處不有，你的周圍都有，每個人都如是。何況你天天念《地藏經》、拜地藏菩薩，天天念「觀世音菩薩」，念〈普門品〉，天天念「阿彌陀佛」聖號，念《彌陀經》，怎麼會說佛菩薩不加持呢？你心裡不清淨啦！一面大鏡子，要是灰塵厚一點，就照不進去了，完全失掉功用。雖然它本具所有，像我們這些眾生心，跟佛心無二，但是無量劫來的染污太重、太深，所以不能進入。

要這樣子來相信三寶，相信佛，相信法，相信僧，受了三皈依，你必須這樣信。如果你沒有修別的法門，修三皈依就夠了。如果是學了佛，虔敬信佛，你再也不墮地獄；學了法，不墮畜生；學了僧，不墮餓鬼，三惡道永遠不墮。你有這麼一個堅固的信心，多生流轉，自然就成道了。但是，相信成佛的心一定要堅定，你一定要想「我絕對要成佛，我就是佛，不過迷了而已，我轉化一下就好了。」這可不是我說的這麼簡單，一句話就轉化過來了，你還得經過好多的消業障的磨難。但是堅固信心不能有折扣，堅定了就是緣念三寶的功德。

為什麼我們要求受皈依？假使我不皈依三寶，跟三寶接不上氣，你便得不到三寶的功德。所以，必須得皈依。

我們講一講為什麼要皈依？佛教導我們說，一切眾生都在苦裡逼迫。證阿羅漢果的聲聞、緣覺，像我們人間的分段生死苦，現行麤重的煩惱，他們是沒有了，但是他們還有微細的、變異的生死，他沒有究竟，必須等他成佛才能徹底解脫。所以我們要想脫離苦海，解脫我們一切眾苦，只有諸佛才能夠解脫我們的痛苦。因為佛現在不住世了，我們皈依佛之後，就皈依佛所說的法。「佛法無人說，雖慧莫能了」，《華嚴經》告訴我們，必須得有僧寶傳法，所以要皈依僧。

你必須得有智慧的觀察；皈依三寶，要有智慧的心才能皈依。所以我們大家能遇到三寶，能發起求皈依三寶的心，能遇到三寶，能受皈依，這都是多生的善根，都不是現前發願所能得到的。

跟其他的國家比起來，台灣信佛的人最多，可是，兩千萬人當中，真正清淨皈依三寶的人，有多少？這個世界有六十多億人口，究竟皈依三寶的有好多？這麼多人造業，皈依三寶的少，我們這些力量要把世界的共業轉變過來，使地球不沈沒，不遭水災、火災，可能嗎？現在我們這個地球隨時會下沈，水分隨時增長，這種現相我們一般的常人，不需要什麼智慧也可以懂得。

因為地球不會再增長，只有這麼大，在空中旋轉著，誰都知道。你天天往地球掏取各種的礦物、各種的原料，乃至於汽油都掏空了，不地震嗎？空了，不填補嗎？唐山的煤礦，每年每年大地震，挖了幾百年，挖得全空了，這不是震，而是陷下去，塌了。你光挖洞，上頭是空的，不陷下去嗎？這個道理恐怕誰都懂吧！但是，不挖，可以不可以？不行啊。誰肯少挖一點汽油，讓它撐住地球，誰也不肯啊！

氣候轉變，大家就要求環保。以前我從來沒聽見過環保，也好像沒什麼污染，現在要求環保越厲害，污染越嚴重了。哪裡的環保鬧得越厲害，污染就最嚴重。想想這個道理，是不是這麼回事。世界文明了，道德敗壞了；越文明，道德越敗壞。確實不疑，這叫不可思議！

所以，你要能夠皈依佛、法、僧三寶，若是想永遠超度一切苦難，這是很不容易的。我們能夠解脫眾生的苦，讓我們身有所依、心有所歸，只有三寶。你可以比較，或者我這個和尚，你可以皈依別的！譬如說天主，都可以。你能不能得解脫？你能不能離苦？能不能轉變你的思想意識？能不能使你心態平衡？你自己可以考量一下。你因為皈依三寶了，心情平靜，遇什麼事情都能夠承受得了，心如止水，到那個時候，你所說的話，非常有力量。如果你自己心眼不平衡，貪心很重，這是不可能的。因為比較了你才知道，因為比較了你才能懂是非，才知道好壞，鑑別。

為什麼我們要學《占察善惡業報經》？「占察善惡」就是占察、鑑別一下，你就知道了。如果說什麼時候颳風下雨，你是不知道的，因為你沒有這個智慧；但是你自己做壞事，心裡知道不知道？你不嘀咕啊？打雷你都害怕被雷劈了，不敢做壞事。現在連這個心都沒有了，殺他媽媽，打他爸爸，根本不曉得報應。沒人這樣說，他沒有聽到過，他從小就沒聽說過。為什麼呢？太文明了，認為報應是迷信。這個道理，你自己可以想。

在場大多數的道友都受過三皈依，我不是勸人受三皈依，得有因緣，得有福報，沒有福報是不可能的。不是因為你勸來了，要等因緣成熟了再來。我曾遇見一個故人，彼此住了四、五十年，他以前就知道我是和尚，他始終不信，跟他講什麼都不信，那是沒辦法的。現在距離很遠，他反而跑來找我受三皈依。他在我跟前，連讚歎隨喜心都沒有，你有什麼辦法。佛在世的時候，東城老母，根本不信佛啊！佛給他現身，他都不信，一直到佛涅槃，他也不信。這是因緣，這是業，不是由人所能、所為、所知道的，很多事情非你意願所能達得到。

不管是學習很久的，或者初學的道友，我感覺皈依三寶是根本，必須把三寶的問題弄清楚，為什麼要皈依三寶？皈依三寶有什麼好處？將來我們究竟能不能得到什麼？

我們要修行。有很多的道友，乃至於學佛好幾二十年了，他直到現在還不知道怎麼修行。我很奇怪，換句話說，門兒還沒入門。如果受了三皈依，師父都沒告訴你念三皈依嗎？當你皈依佛、皈依法、皈依僧的時候，告訴你做什麼事，不是跟你說得很清楚了嗎？你沒做那不怪。不是三寶不靈，也不是不加持你，是你不做。我們經常是一邊喊肚子餓，但是，飯、饅頭、餅乾，你什麼也不吃。你肚子餓，餓死了也沒辦法，就是這樣的一個涵義。

第二講　皈依的因緣

我們繼續講為什麼要皈依，以及皈依的因緣。

例如，有的道友入了佛門之後，受了三皈依，但是不知道如何修行。我上次跟大家講得很清楚，三皈依本身就是修行。但是我們為什麼要皈依？皈依當然有很多種原因，有的道友是因為姐妹、弟兄信佛，或者朋友、鄰居信佛而皈依三寶，這都是因緣。但你自己必須先懂得，人家要我去皈依，我就去皈依，是好啊？是不好啊？你心裡必須知道的。

要是依著教義來講，我們為什麼一定要皈依佛、皈依法、皈依僧呢？不皈依可以不可以呢？皈依對你不是負擔，不皈依你可要有所損失。一般的人說皈依佛是有尊佛像，皈依法是因為佛所說的經教，皈依僧就是剃髮染衣的出家人，但是你忽略了，皈依還會引發你自性的佛、法、僧三寶。

我們念《地藏經》，或是念《藥師經》，或是念〈普門品〉，或者是念《法華》、《華嚴》這些大乘經典，都是引發你的自性，你心裡就具足一切諸法。因為你失掉了這種能力，已經迷了，就是不覺。皈依三寶，使我們生起始覺的智慧。如果我們沒有皈依三寶，你生不起這種智慧。所以，你自己本具足的智慧，沒有皈依三寶來引發是不會生起的。

我們受三皈依，要知道這種道理。因為我們現在生在苦難當中，這苦難是我們自己找的。其實，苦難也是沒有的，根本沒什麼苦、沒什麼樂。在這個基礎上，你知道為什麼要受苦；為什麼有富有的、貧困的，有壽命長的、壽命短的。還有不該死而死的，並不都是壽命盡了才死啊。不該死，就是非時。這就是《藥師經》所講的，不該死而死的叫做橫死，佛說有九種橫死，這在《藥師經》說得很清楚。因為我們有很多苦難，而且我們在苦難當中，我們自己並不認識它。

苦難降臨的時候，例如我們有各種的癌症，我們知道癌症是不好治的病苦。這個時候我們想到，或聽到別的親友介紹，說是念地藏菩薩，或者念觀世音菩薩，或者念《藥師經》，可能免難。因為你念《地藏經》，或者念《藥師經》，或者念觀世音菩薩聖號，就是念你自己本身的藥師佛，自己本身的地藏菩薩，自己本身的觀世音菩薩。這是深一層的。因為有位法師在這裡講《華嚴經》，大家可能早就知道這種道理，我略為引申一下。

我在這裡講過《占察善惡業報經》，所以我們懂得這種道理。如果你不懂得這種道理，你認為皈依三寶就是這尊銅像，其實這尊銅像是不起作用的，這尊銅像本身什麼作用都沒有。是因為你的心起作用了，銅像就起作用；因為有了銅像，你的心才起了作用。皈依的涵義，大家一定要知道。

但是因為過去佛所說的種種法，你並不知道，也不能理解，你一旦受了皈依，你要學一學吧！雖然別人引介你，或者帶你去，你初入了門了，想研究研究；因為經由研究，你知道這個就是你自己本具有的、發明出來的。如果心外取法，那叫緣；但是，沒有因，緣是不會成熟的。因為我們自己都有佛性種子，人人本具，因為外頭遇緣，你就生起了受三皈依的心，人家一說，你很高興的就受了。受三皈依之後，就引發你自性的佛寶。

這個部份是很深的，簡單的講只能說這麼幾句。要想深入了解，大家學《華嚴經》，乃至於般若經裡面的《金剛經》，好多經典都說到這個道理。但是你信了，必須得有這個觀念，有這個認知，你才皈依佛、皈依法、皈依僧。

假著外頭的緣，佛、法、僧三寶。佛就是一切像，銅塑的、木雕的、紙畫的都可以；法是佛所說的一切經典；不過，這些佛、這些法有賴僧來傳，皈依僧就是僧人帶領你去接觸。

同時，你皈依的佛，不一定要局限於某尊佛，思想不要很局限，應當知道我皈依十方一切諸佛；在你皈依佛的時候，包括藥師佛，也包括阿彌陀佛，包括不動如來，乃至一切諸佛菩薩。你拜的五十三佛、三十五佛、八十八佛都有，不只這些佛，而是法界無量諸佛，你皈依的佛是一切諸佛。你皈依的法是三藏十二部，一切諸佛所說的法，你都皈依了。

你皈依的僧，例如說：有時候我代傳，我唸，你並不是皈依我一個人，我只是代傳而已。就是一切和尚出家人，比丘、比丘尼都是你的師父，你皈依的是僧寶。這是你肉眼看見的，你看不見的，現在在這個世界上住世的，依著佛所授的記，有一萬六千個大阿羅漢都行菩薩道沒入涅槃，他們就在這世界利益眾生。你皈依的僧，包括這一萬聖僧都在內。還有包括極樂世界蓮池海會，包括藥師琉璃光如來的琉璃世界，那些諸大菩薩都是你皈依的境界。

我們不要誤解了皈依僧的意義。好比說皈依過我，「我是夢參和尚的弟子」。不是的，是一切和尚的弟子，不要給他們分家，一定要懂得這個道理。皈依法，並不是皈依《阿含經》、《法華經》、《楞嚴經》、《華嚴經》，是皈依一切經典。我們也別去分大乘、小乘，什麼顯宗、密宗，平等平等，法沒有秘密的。

我現在可以說這個話，因為我在西藏連參帶學大約十年，深深知道西藏本身並沒有說我是學密宗、什麼宗，這是傳到我們漢地，才給人家定說是密宗。你有這個因緣，就是你的機，適合這一法，他就給你說這　法。對其他的眾生來說，那就是秘密了；對你說，沒有秘密的。懂得這涵義了，你就知道了。

我上面所說的，所緣念的這些境界相是從你內心所產生的，境是外面來的，心是內心的，不是這個肉團心，不是你身體這個心，而是聖妙殊勝的心。那麼，你有這個殊勝的、根本的佛種智的妙心，遇到外面的緣了，這就結合起來，皈依三寶是這樣皈依的。

但是你必須緣念，在你沒有開悟、沒有證得之前，你現在所受的是苦難。這個娑婆閻浮提世界，就叫堪忍。忍什麼呢？忍苦，就是苦難的世界。如果要在這個世界求快樂，沒有這回事。

我說這話，大家可能有不同的意見。到茶館喝幾杯酒，或者幾個朋友高高興興的聊聊天，或者男女相愛，或是到哪裡旅遊去了，你感覺很快樂。那是苦，你是在做苦；那叫業，而且是惡業，不是善業。你要是理解了，你就認識這個世界。

這個世界的苦難很多，一般說是有八種，就是你遇不著佛法。這八種苦，每一種都包含很多。如果你下了地獄，怎麼能聞到佛法？沒有佛法。但是這地獄也是沒有的，因為是你的心造成的，你造成了，就有了。對你來說，你有這個業，什麼地獄都有，你有哪種業就有哪種地獄，這叫業所成的。你想要聞佛法，想要修行，你的意念也好，外頭境界相也好，全都沒有了，只知道受苦受難。

還有墮餓鬼道，你也聞不到佛法。墮畜生道，你也聞不到佛法。除非有大善根的墮到畜生道，才能聞到佛法。什麼叫大善根呢？你也不知道牠是哪一類的。

我在鼓山求學的時候，住在鼓山的法界學院，那是虛雲老和尚辦的，慈舟老法師當主講法師。鼓山的常住裡頭，那時候一共住了八百人到一千人上下。我們有好多的堂，有禪堂、念佛堂、學堂、如意堂，好多堂口。在念佛堂，有人放了一隻鵝，這是我在那時候知道的。如果大家到過鼓山的，像李賢文居士他們就到過鼓山。在放生池前面，那是放生的地方，那隻鵝是在前面山門外頭，但是只要念佛堂一打板，那隻鵝就從外面走進來，在念佛堂門口這麼一蹲。念佛一停止，一放靜了，牠就走了，又到前頭水池去了，一直有人餵牠、照顧牠。

有一年夏天，念佛堂打了板、放了香的時候，這隻鵝不走了。那些師父說：「今天這隻鵝怎麼不走了！」就吆喝牠要牠走。一看，這隻鵝死了。牠什麼時候死的，那些師父也不知道。

像這一類的畜生，才叫做有善根的，我認為牠有善根的。牠在大眾念佛時走了，不管牠是畜生、是人，牠一定能生極樂世界，牠那時候沒有雜念，就聽到念佛聲。這是畜生。

還有地藏菩薩坐的獸，或者普賢菩薩的象，或者文殊師利菩薩的獅子，你說牠們是畜生嗎？這是例外。像一般魚、鱉、蝦、蟹，這些畜生想要聞佛法，難上加難。

就說人類吧，現在我們這個地球上，總共有六十多億人口，能聞到佛法的有好多人呢？這就是難遇到佛法。還有一種：天。天有長壽天，他仍然聞不到佛法；壽命非常的長，但是沒有佛說法，看不到僧，也聞不到法。

還有，我們所知道的北拘盧洲，我們這裡是南贍部洲，在我們對面的北邊叫北拘盧洲。北拘盧洲的人是福報所感的，都是八萬四千歲，不害病的，到八萬四千歲就死了。他大概有生苦、有死苦，沒有病苦、老苦，但是沒得佛法。這是八難之一。

還有，諸根不具。像我們就遇到過耳根沒有了、眼根沒有的人。他雖然有耳朵，聽不見；有眼睛，看不見，生下來就瞎了。還有，現在智障的孩子特別多。乃至於生了一種病，大家知道的植物人。過去很少聽說這種病，現在你到長庚醫院、榮總醫院看一看，植物人好多。那天蘇護士長到我那裡去，她是榮總醫院護士長，我問：「現在植物病人多不多？」她說：「我管理的病房，大約有三分之一是植物病人。」你說植物人死了？沒死。說沒死，六根全失掉作用。這時能聞到佛法嗎？還有一種人，生下來就害了一種癲癇病，他也聞不到佛法。

另外有一種人，他認為自己很聰明，叫世智辨聰的邪見。他有智慧，但是他認為佛教全是迷信的，他根本不會接近三寶。

還有，沒佛出世。我們這個世界雖然算有佛出世，但是佛沒有住世，而有佛法可聞，有佛像在，也有住世三寶，還有僧人。末法的世界是佛沒有出世，佛法也斷了。

在這個世界就有這些困難，因此，你要求助佛法。求助佛法是你內心明白了，外加三寶佛、法、僧之緣，將你內心的佛、法、僧三寶生起，這樣結合了，你可以超脫生死苦海，不必生怖畏。

現在，我們諸位有沒有怖畏？有沒有恐怖？我想沒一個人敢答說：「我不恐怖。」因為你心裡有罣礙，沒有智慧，你怎能不恐怖，你必然恐怖。如果我們想要脫離一切苦難，就是生、老、病、死、愛別離、怨憎會、五蘊熾盛，這些苦難人人都具足的，你想離開這些苦，該怎麼辦呢？哪裡是你的救處？

哪裡是你的依止處？所以說，一定要皈依三寶。

因為這樣子，你必須皈依三寶，這就是皈依三寶的因緣、因由。為什麼一定要皈依三寶？如果你什麼苦都沒有了，可以不皈依。你要是還有苦難在，我們就說求不得苦，任何人都有求不得苦。

我剛要來講經之前，有個弟子到我那裡去。她從溫哥華來的，她這一個月來回飛了四次，飛來飛去。我說：「苦不苦啊？」她說：「很苦。」我說：「為什麼要受這個苦？」她也說不出。她到這兒，她先生到廣州。她先生又從廣州飛到香港，她在這個地方，之後，明天又飛回溫哥華，倆夫婦就這麼滿天飛。為什麼？

我想我們這裡有住在溫哥華的道友，一會兒回來了，一會兒回去了，又回來了，因為孩子在那裡念書，要照顧啊！這裡頭有很多不如你想像的事情多得很。這還是生活什麼都過得去。生意做大了也苦，生意做小了也苦，怕把本賠了，賠了就沒辦法了。至於搞政治工作的，搞科技工作的，把頭髮都研究得脫光了，還在那邊轉，始終解脫不了。你不是求解脫嗎？所以你得學啊！

還有，我們都得死，一個也留不下來，時間長短。活了一百年，現在有一百多一點的人，那也活不到好多。像過去的寶掌禪師，他是印度人，活了一千多歲，最後還是得圓寂。我們知道中國的丘祖，他是壽命很長的，後來還是死了。還有一個彭祖，比他更長了。彭祖是八百歲，歷史的人物；八百歲之後呢？還是死了。

生死是必然的，什麼人不死啊？不生就不死了，要是生了，就必須得死，這叫做規律。我們想不想生死苦呢？每個人都知道，「唉啊！忙什麼呢？反正早晚要死的。」知道是知道，放不下，「我還有點事沒做完，做完了再死吧！」永遠有個沒做完的事兒。我遇到好多人，到臨終嚥氣的時候問他：「可以走了，放下吧！」我所遇見的都是老和尚，他說：「唉啊！我還有點事掛心。」那就掛著吧！

業不由己，死是決定的。不論誰，死都是決定的。你說有什麼辦法能抗拒死？不論你有好大權力，有好大的財富，你想過這一關，過不了。你去行賄，沒地方行，跟誰行啊？要向閻王爺行，你根本見不到閻王爺，連閻王爺都要死，你向他行賄，他也照樣的死啊，沒有不死的。

怎麼樣不死呢？學佛，成了道了，得了解脫道，就不死了。死了到什麼地方去呢？這是個謎。我們說死了、死了，那又很便宜你了，死了，了不了？越死越不了，你死的次數越多，你越了不了。為什麼呢？你死一次，你這一段生死又有好多的業、好多的事纏你；下一段生死又增加這一段，越增加越多，也就是懲罰你，你就解脫不了。要想真正得解脫，得解脫道，必須皈依三寶。這是我講皈依三寶的因緣，不皈依三寶，你永遠解脫不了。

還有，我們都怕苦，怕苦都想求快樂，人人都想求快樂。什麼是最快樂的？大家想想看，哪件事最快樂？有了智慧最快樂。有了智慧，他才無罣無礙；有了智慧，才能照見五蘊皆空，才能度一切苦厄；有了智慧之後，他才心無罣礙，無罣礙故，無有恐怖，遠離顛倒夢想。這就沒有痛苦了，這才是最快樂的。

所以你想求快樂，你就得有智慧。智慧怎麼來呢？是從修來的。把障、惑擦乾淨，你的智慧也就來了。

另外有一種修練的方法，好多人都是這樣修練，但對這個方法還沒有清楚。若你遇見一切事，不要執著，看開一點，一切法有生就有滅，沒有一切法是永久的。

還有，不要什麼事情都把自己擺在前頭。凡事當前，先想到自己，沒想到別人，這個人自私心非常強。凡是自私心強的人，得不到快樂。我執重的人，你的痛苦消失不了，應當經常觀想「無我」。

無始劫來的時候，有很長的時間，在我們自己的言語當中，也知道「無我」，但是你沒有認識，沒有這個體會，雖然知道，但是認識不了。像是說「我的眼睛，我的耳朵，我的鼻子，我的身體」，「我的」不是我。想想看，「我的桌子」，「我的板凳」，「我的」什麼，這不是「我的」享受嗎？「我的」身體也是這樣子啊，是屬於「我的」，他不屬於我，你做不了主。

警察要來抓你，你說：「我沒犯法。」他說：「我給你一點犯法的證據，你就犯法了。」這種事過去很多，我也曾經歷過這種事，很多人都有經驗。只要是這個世界上的人，不論哪國的法律都如是。沒一個法律，沒一個法院，沒一個地方，說沒有冤枉人的。你說冤枉，其實是你的命中帶來的，你現在雖然感覺到冤枉，是你覺得，法律認為你不冤枉，逮捕你是對的。就像說「我沒病」，沒病找醫生，只要你吃了他的藥，你就有病了。越病越多，病越多，你越看，越看越吃藥，越吃藥病越多。這好像是個惡性循環似的，就是因為你沒有智慧，我執特深。

你平常就這樣觀，「我的」不是我。就像打你，你很痛，或者砍你一刀，你很痛，因為你把它看成是「我」。你沒看成是「我的」，如果砍桌子、砍板凳，你那個「我的」，你不痛，而這個「我的」就痛啦，這都是你修行的地方，你去觀想。我們佛教有兩句話：「有覺覺痛」，有這個知覺的時候你覺得痛了；「無痛痛覺」，那個痛痛不到你知覺。

我曾經看過一些痲瘋病人，他自己把自己的手指頭這樣嚼，對自己刺激手指頭，他沒有痛啊！痲瘋就瘋了，他的神經系統失掉作用了，他一點也不感覺到痛，不過他這樣不是成道的。禪宗二祖慧可參達摩的時候，斷了一個膀臂，他感覺到心痛得不安啊，他希望達摩祖師給他安心。達摩祖師講：「將心拿來，我給你安。」慧可覓心了不可得，達摩說：「我安心已竟，就在那不可得處才是你的真心。」他就不痛了。是他有痛，能痛到他的覺，沒有痛，痛到他的知覺。能消滅你的肉體，不能消滅你的知覺；它能使你肉體受折磨，卻不能轉變你的思想，你要自己轉變。

像我們說這個人很固執，或者用一個好的名詞，很剛強。像我們出家人一講持戒，寧可持戒而死，不做犯戒偷生，他也是剛強；你怎麼折磨他的肉體，他不改變他的思想，他的意志就是他的思想，有一點點「無我」的味道，但是他不能放下，忠孝節義也都有這個涵義。

因此我們想要消除我執，必須得到解脫，這就叫智慧。「無我」得有智慧，沒有智慧，處處把我擺在第一位，沒想到別人。菩薩不是這樣，而是「一切眾生就是我，我就是一切眾生」，所以他度一切眾生，乃至曉得所有一切眾生都是如夢如幻。有人問說：「地藏菩薩如果是『地獄不空誓不成佛，眾生度盡方證菩提』，地藏菩薩恐怕成不了佛了？」我說根本沒有眾生，地藏菩薩眼裡沒有眾生，他終日度眾生不見到眾生相。《金剛經》說得很清楚「無我相、無人相、無眾生相、無壽者相」，如果菩薩有眾生相的話，他就不是菩薩了。

不過這種道理，我又說得深了一點，大家在這裡就要參一參。佛教啓示的方法，會提出很多問題，你自己要用你的思想去會，等你會得了，這叫開悟，但不是叫我們一下子開悟了。現在大家皈依三寶之後，大家開悟的程度不同，今天明白這樣了，明天明白那樣了，積累多了，小悟變大悟，你就真悟了，真明白了。到真明白了，你就真正快樂了，你的身、口、意三業絕不是造惡業，也絕不泯滅因果，絕不做一點點壞事。

要是做了壞事，一定受惡報，如果能達到一切因果泯滅的時候，到什麼時候一切因果泯滅了？就是「罪性本空唯心造，心若亡時罪亦亡，心亡罪滅兩俱空，是則名為真懺悔。」但是你的心能夠沒有一切事物，真能達到無我相、無人相、無眾生相、無壽者相，那就成功了。在你沒達到這種境界之前，你造的善業、善緣，順著你的法性，能使你很快的開悟。你要是作惡業、惡緣，它是違背法性的，越走越遠，跟你的性體越走越遠。

這是第一個，為了要得到「無我」的智慧，要皈依三寶。這就是皈依三寶的因緣。因此要皈依三寶，皈依三寶後，這些就具足了，這是對自己來說。要是對他人來說，我們最關心的就是父母，或者你自己的子女。一切有情眾生，在大乘經典裡頭說都是我們的父母，你不能傷害一個眾生，眾生都是你的父母，有過去的父母，還有你未來的父母。你要令這一切父母的有情眾生都能離苦得樂，你得皈依三寶。你自己必須解脫，你有了解脫的智慧，你才能引導別人去解脫；如果你沒有這個智慧，你怎麼勸別人解脫呢！你必須自己先解脫了，先要有了這種智慧，才能夠利益別人，這就要有大悲心。

大悲心裡頭包括很多涵義，大悲心只是你內部所具足的存在，你還要發在外表上，你口裡頭要說，口裡言語就有方便善巧的大悲智慧。我們認為大悲智慧必須得是笑臉的，其實不一定是這樣子。觀世音菩薩在我們漢地裡頭示現的都是慈悲，誰看見觀世音菩薩像、彌勒菩薩像都會很高興，因為他有慈悲的關係，誰看見了，心裡就清涼了。觀世音菩薩在西藏現的像，就不是這樣子，那些現的護法神，他手裡拿很多兵器，「你不聽我，我打死你。」如此對治剛強的眾生，他就老實了。他對應一切眾生的機，就示現一切菩薩相。

像我們漢地有一位普庵祖師，他是念普庵咒的。普庵咒是很兇猛的，古來一般的出家人用這個咒來降魔降鬼。要是惱害眾生的魔鬼，普庵祖師一念這個咒，可以讓魔鬼頭裂八瓣。一般人很少持這個咒，因為這個咒相當厲害。這也叫大悲。大悲，你不要體會錯了，只要能有利於眾生就叫大悲。這個眾生要是造惡了，你勸都勸不了他，菩薩就把他殺掉，或者想法子害死，這是大悲心。但是，你害死他，你要還報，菩薩也要還報。我害死你，我還報；我救了這麼多人，這就是我大悲心發的願。和尚殺惡人即是善願，涵義就在這兒。不過，受比丘戒就不能殺人，我說的是專指菩薩。

要利益一切眾生而發大悲心的人，一定是菩薩，要說善巧方便的話，要有慈悲的心利益眾生。大悲心拔眾生的苦難，既能救了自己，也能救了他人。這叫做真正的皈依，這才是受了三皈依，得到利益了，就是沒有白受皈依，就是照著佛所說的、法所說的、僧所教導的去做了。

以上我說的這些境界，如果你捨了佛、法、僧三寶，你能夠再找一個幫助你的、能夠救度一切眾生的天魔外道，能有嗎？恐怕沒有。有很多人在道教裡面，求鬼神，供養很多神。那些鬼神他自己的障礙都很多，他自己沒解脫，障礙重重的。鬼神也害怕，並不是鬼神不怕，鬼神畏懼心理也很重，連玉皇大帝都會害怕。所有諸天人都恐懼，當五衰相現了，他恐怖得不得了。當他要死了，他自己都知道的，花冠萎靡，自己厭離，身上出一種臭汗，過去的一切都沒有了，他的眷屬都離開了。他知道要死了，非常恐怖，他的瞋恨心、煩惱特別重。

有些鬼神的瞋恨心比我們還重，這些鬼神就包括羅剎。羅剎過去因為持五戒行十善，他才能夠生到天，他的福報是跟天人、跟帝釋諸天一樣的，只是他的瞋恨心特別重，所以他墮入羅剎道。但是他們自助都不暇，你們要是有點什麼災難了，就給他燒香啊！殺隻雞啊！他能給你免難嗎？只有皈依三寶。否則的話，你自己的輪迴永遠止息不了，六道輪迴永遠止息不了，業障越來越增長，所以必須皈依三寶。

我們懂得這種道理，就知道為什麼要皈依三寶。我們都有朋友、親戚、六親眷屬，你要勸他們說：「有一位老法師說，你受過三皈依，進了佛門，你就得解脫了。」他說：「為什麼要皈依啊？」你就把我講的給他講一下，有善根的人一聽：「還有這麼深的道理，我要皈依。」

皈依之後，我們經常說怎麼樣受持、怎麼樣修，這也是個問題。受了三皈依，你開始修，這就要受戒了。三皈依本身就是戒，你另外受的殺、盜、淫、妄、酒叫五戒，三皈依本身就是戒。

皈依佛、法、僧，就不能皈依天魔外道，一切的鬼神邪說都不能皈依了。還有，你受了三皈依，成了佛弟子，不能惱害眾生，這點特別注意。不能惱害眾生，經常布施眾生歡喜，給他們快樂，不讓他們由我身上生煩惱，這是第二點。你再不能跟外道一塊兒住，因為剛受完三皈依，你的道力不堅定，你不要跟邪魔外道一塊兒住，你住了恐怕會退失道心。

這三種戒律，你失掉一種，三皈依戒體失掉了，就等於破了戒；破了戒，三皈依沒有了。這不像菩薩戒，三皈依隨受還可以隨失。在你受三皈依的時候，你的心裡頭必定有一個堅定的信心，有個希求心。要是半信半疑，你不要受，你得不到利益的，必須有堅定的信心。

師父問你話，你不能說假話，對三寶不要諂媚，對鬼神是諂媚，對三寶不是諂媚。對三寶是純粹恭敬的信心，不能夾雜著諂媚心；如果是諂媚心，是不得戒的。什麼叫諂媚心呢？像諂媚鬼神，「我供養你水果，給你點支好香，希望你加持我啊，你可要照顧我一下。」認為「我供了香，你才能夠加持我」，你心裡這麼想，或者「對三寶我也給個紅包」。供養要有，不論多少，心裡是清淨心供養三寶。淨心就是欣樂心，沒有諂誑，沒有虛假，對下不驕，對上不諂。凡是對上諂媚的人，要是見著什麼，不是真心啊！點頭哈腰的，好像自己很虔誠的樣子，這叫假心、諂誑心。凡是對上頭諂媚的，對下頭的一定驕傲。隨時都要消滅這個心，一定要依照佛所說的，在你所信仰的事物跟前去秉受三皈依。

在你受三皈依的時候，念了佛，你就認為是佛降臨了。為什麼我們要一心奉請本師釋迦牟尼佛啊？就是說我們請來了真佛，這個佛像還不是真的，你對它還沒有產生至誠恭敬的心。我們要一心奉請，請佛來降臨。拜懺的時候，每一尊佛、每一尊菩薩，為什麼要三請啊？表示恭敬至誠，要這樣來敬禮。

奉請諸佛之後，對著法，法是佛所說的法，一切諸佛都以法為師。對著法，你心裡頭一定這樣想：「我是學著正法，我是以法為師的，佛怎麼樣說，我一定怎麼樣做。」

我們一般人都沒有做到。就是受完了三皈依，你從此有個念三寶的心，念念不忘三寶。有的人受三皈依的時候，「皈依佛、皈依法、皈依僧」出了門就忘了，再隔上幾天，早把三寶忘了，所以距離三寶就越來越遠。

應當受持的，應當止的，就叫戒。戒有兩種，第一種叫「止持」，你不做了，就持戒了；一種叫「作持」，你非做不可，不做就叫犯戒。我剛才講的不皈依外道天魔、不惱害眾生、不與外道共住，這就叫止持，要止住，不去做了。我們說的三皈依、敬禮如來、恭敬諸佛、依教奉行，這叫作持。做的必須做，止的必須止。

對現前的僧眾，大家要特別注意，不論比丘、比丘尼，現在的僧眾，他怎麼壞，因為你是佛弟子，看在佛面上，不要議論他的是非。我恭敬他是僧寶，對於他的是非，他有他的戒律，你一定要恭恭敬敬，把他當做聖僧看待。

禮佛的時候，對釋迦牟尼佛的相，當作已經請來的真佛。相由心生，一切都是你心轉，你要這樣的恭敬佛、法、僧三寶，特別是對於法寶。我們很多道友，拿著法寶不恭敬，就像拿著一般書一樣，不能夠拿到下身，拿個經書甩甩搭搭的，應當端正；再不幹什麼，你也要擱在上身，不能捧著。如果你包包裡頭裝著經書或者佛像，你不能這麼甩甩搭搭提到下身，這樣子你就把福德都失掉了，護法神非常瞋恨這種不恭敬的態度。

大家要知道，能遇到佛經，是你無量劫來的福德，不然遇不到。所以你遇到了，就生希有想。現代印刷術很發達，到處都有佛經；假使沒有原始的經本，還拿什麼去複印啊！怎麼能印得出來啊！現在的寫作文章，不能算是佛經，你要怎麼對待，我沒意見，佛也沒有說。我所指的是大藏經，那是諸佛之賜。至於後人的知見，他寫得很多，那是他的知見，不是佛的知見。我們皈依佛的人，學的是佛的知見。如果這些人的知見有不對的地方，你認識就好了；如果他所寫的知見，你還沒有這個智慧抉擇，也不用批駁他，你批駁、辯駁，他也不接受，大家更增加煩惱，但是你要知道恭敬法寶。

你知道法寶難得到什麼樣子嗎？以前我們中國有三大高僧，到印度去取經得到成就的；去的人很多，有成就的只有三位。大家都知道唐僧，就是玄奘法師。還有，唐僧之後的義淨三藏法師。還有，玄奘之前的法顯法師，那是最早的，法顯法師八十歲才到印度去取經，他回來之後翻了很多經。

在唐朝的時候，義淨法師看見有很多人對經典不大恭敬，他就寫了兩首詩，勸大家一定要恭敬。「晉宋齊梁唐代間」，從晉朝開始，這個「宋朝」是晉末的時候，五胡亂華的宋國。「高僧求法離長安，去人成百歸無十，後者焉知前者難。」說是後來看經典的，他不知道前人付出很多的辛苦，那些都是拿生命換來的。

「路遠碧天唯冷結，沙河遮日力疲殫，後賢如未諳斯旨，往往將經容易看。」古來人得一本經，真是當寶。現在人得一本經，印得很多，可以十本、八本抱一抱就是了，他拿來看，看完了當小說一樣隨便就丟了，所以他也得不到好處。古人得一本經，他的心就入進去，就念啊、誦啊！之後，思惟經的義理，是這樣的；所以他很快就證道，很快就開悟，很快就行了。現在的人精進心生不起來，稀有心沒有了。

這首詩是說去取經的時候，好難啊！路途非常的遠，萬里啊！交通工具不是坐飛機，而是一步一步走。我們現在坐飛機飛到美國，飛到溫哥華，八、九個小時，十幾個小時，還感覺很辛苦，一步一步走，怎麼走啊！過海要用船，沒有船怎麼辦呢？怎麼漂呢？弄塊木頭，或者弄隻筏，困難得很，不是這麼簡單。所以你要是聽到他使用的形容詞，路又遠，碧天，路上的青天，有時候看得不清楚，全是冰雪，有的是這樣冷啊！熱的時候，是走到沙漠旱海，中午熱的時候可以高溫四十多度，冰是零下幾十度。一天之中，零下幾十度，高溫幾十度，你想一想，那種日子怎麼過。

還有，每位大師要去行腳的時候，晚上一定還要念經，一定要持誦，還要修行。有時候沒吃的，哪有吃的，喝喝水都很難。大家看看玄奘法師就可以了。義淨法師也有一部書，法顯法師也有一部書，玄奘法師的書是〈大唐西域記〉，大家經常看的〈西遊記〉不算數。他們都有筆記，看他們每天走的路，這個時候你才知道經的寶貴。

義淨法師尊重我們大家都是賢者，凡是佛弟子都是賢者，跟聖人差一截，是賢而有德的人，讀到佛經都是賢而有德的人。如果這個道理你沒明白的話，往往將經輕易看，你也不重視這個法寶，看得很輕。

一定要重視佛經，因為重視了，你才會受持。如果受了三皈依，平常就要修持。修的時候要念三寶，別的修法你才能做。我跟大家說一個簡單的方法，臨睡的時候、早上醒的時候，念十聲都好。如果在白天，你都能念皈依佛、皈依法、皈依僧，這麼念就夠了。何況你再念〈普門品〉、《金剛經》、《彌陀經》，再念諸佛菩薩聖號，那就更好了。如果說你的業障很重，你能夠這麼的來念三寶，自然就能消除業障。業障消了，智慧增長了，你自己看佛經，你就想要往裡頭進了，這是真正入佛門，就深入下去了，你就自然會去研究。

所以常念三寶的功德，非常的殊勝，我心裡頭隨時念三寶。不只你們諸位在家的道友，就是我們出家道友時時刻刻也要念念不斷的念三寶。為什麼我們拿串念珠呢？我們大家知道是念佛記聖號，另外還有一個最重要的意義，只要摸一下，就知道我們不能失掉我們的念頭，不要失掉念三寶。

你受災難的時候，往往是你失念的時候，魔、災難才能進來；如果你念念都念的時候，魔障進不來。你可別給他空隙，你一打妄想，或者一想別的，他就進來了。涵義就是這樣子，所以我們拿串念珠，念念不忘三寶，只要一摸到念珠就想到。我們和尚摸摸腦殼，一摸腦殼就想起來了我是幹什麼的，你應當做什麼。懂得這個道理，這就叫修行。

如果你在日常生活當中，能夠用三寶對治煩惱，或者人家罵你了，或者很生氣、煩惱很重。我有一位道友，他煩惱很重，脾氣性子非常急，說不了三句話就跟人吵架。我就勸他說：「當你在怒氣上，想一想佛，想一想菩薩。」他一試驗，這麼一想，心裡就清涼了，就把怒火壓下。因此他做生意就越來越好，客户也好，自己圓融了，生意也興盛，身體也健康，何樂而不為。我們有好多人，當你要發氣了，想一想三寶。

當你打妄想的時候，有的道友說：「我念佛的時候妄想很多，誦經的時候妄想很多、散亂很多，再不就是容易打瞌睡。」我說：「在這個時候，你大聲唸幾聲，想想三寶，想想你所念的經，你在這兒做什麼的。你的煩惱、妄想、昏睡，就給你攆跑了。」有些道友突然間喊兩聲，別人嚇一跳，以為他發瘋了。不是的，他自己內心裡頭不清淨，他克服不了，就大聲唸。一大聲唸，他又克服得了。這是一個我經常用的方法。但是集體的法會不能用，大家在一塊，你這樣喊一聲，把別人嚇到了，又造了業了，所以要走到一邊去喊，這就是常念三寶的好處。

有好多信佛的人，感覺信三寶很久了，卻沒有得到感應。你有好多毛病，不降你的罪就是好的，還想找感應，還想講感應啊。為什麼沒有感應呢？你在皈依三寶的過程犯了很多的錯誤，把念經的功德都抵消了，只留個善根，有待發現，你還怎麼能得到感應。他不檢討過患，只埋怨諸佛菩薩不慈悲，「他又沒照顧我了。」你說：「像我這樣的人，怎麼還會害病啊？」你怎麼會不害病啊！

我們大家知道，寫戒律書的妙因法師，我們沒有同班，他是跟慈舟法師學習的。弘一法師有很多的著作，是由他整理起來的，他在美國住，八十多歲了。現在他也害了喉癌，不能吃中藥。我跟他說：「好好念念吧！還有這個病，你走的時候業障就消了，你以後到了淨佛國土，你這個肉體隨便它怎麼害。」所以全看你怎麼想。我們有些道友得了癌症應該高興：「得癌症了，快收我回去，業障也快消盡了。」這樣想了，癌症不但不能發展，而且還能消失。如果你真正命到壽盡了，你就生淨佛國土去。這時候正好念佛，病都是痛苦的，為了減輕痛苦，你試試念佛。

我們上次提到的蘇護士長，她教很多病人念地藏菩薩。一念，病人的痛就減輕了，好多人是這樣子生起信心。我看蘇護士長真是菩薩，就是這樣。到那個時候，病患雖然不信佛，為了減輕痛苦，他念念試試，試試看。試試也好，但是那樣的念，就靈了，很怪。

像我們信佛很久的人，你念，就不靈。為什麼？因為你已成了老皮禪了，念皮了，半信半疑。剛信的那些人，他認為人家告訴他的方法一定靈，半信半疑就不靈。你必須得全心，一點不疑，菩薩確實能加持我們、救度我們。真的皈依三寶，這就叫修行。你怎麼樣用心想，這就是修行。

還有，我們好多過去的父母等我們救度。一子得道，九族昇天。你信了佛之後，你的父母、六親、眷屬，無窮無盡，盼望你救度，這樣他們才能真正得到好處。如果你念《地藏經》，或者隨便哪部經，我的觀念是這樣子，人家信什麼，你先學什麼，你就念什麼，不因為我現在崇拜地藏菩薩，我就說都念地藏菩薩好了。不！你跟哪部經典有緣就念哪部經，你念《彌陀經》好，你就念《彌陀經》，不要改念《地藏經》；你念〈普門品〉好，你就念〈普門品〉，不必再改念《地藏經》。

我感覺到眾生都有這個毛病，我信什麼，你們也都跟我信什麼。「我念《地藏經》，為什麼你念《華嚴經》啊？」這個是絕對錯誤的，要是這樣，法就滅了，法是要我們大家弘揚啊！大家都不念經，就念我這一部經好了，那麼其餘的經都斷了，可以嗎？這是很通常的道理。

如果你念地藏菩薩，「唉啊！地藏菩薩是菩薩，不如念阿彌陀佛，阿彌陀佛比地藏菩薩功德大！」「你怎麼念文殊菩薩，持文殊菩薩咒啊？你念佛嘛，佛不是比文殊菩薩大啊！」文殊菩薩是七佛之師，地藏菩薩在第一品上頭就跟文殊菩薩說。翻譯《地藏經》的實叉難陀尊者，也翻譯了《華嚴經》，看看《地藏經》是什麼境界。有些人說《地藏經》是小乘，我不這麼認為。

《地藏經》第一品，就是佛問文殊菩薩，《華嚴經》第一品也是文殊師利菩薩。文殊菩薩是以信為主。善財童子五十三參，第一參就是參文殊菩薩，乃至於參到等覺菩薩的彌勒菩薩，彌勒菩薩還要他回來參文殊菩薩，文殊菩薩才介紹他參普賢菩薩。如果說哪個是大，哪個是小，這是凡夫的思想，不是聖人的思想。

第二品是佛跟地藏菩薩本身說的。第三品是佛跟佛母說的，摩耶夫人是未來千佛之母，是大權示現。第四品是跟定自在王菩薩說。你看看《地藏經》十三品，當機眾是誰，沒有一個不是菩薩摩訶薩。你在《地藏經》裡找阿羅漢、常隨眾，一位也沒有。有人跟我說，那些鬼王都在那兒，一念經就害怕那些鬼，其實，那些鬼都是大菩薩，鬼能到忉利天去？鬼在鬼道，人道都到不了，它能到忉利天去？而且佛在說《地藏經》，阿羅漢的神通都到不了，那些鬼能去啊？你看看《地藏經》，有沒有我們常隨眾，像五十阿羅漢？都沒有啊。從第一品到第十三品，特別是在第十二品，釋迦牟尼佛囑託觀世音菩薩弘揚《地藏經》，大家可以看一看。

不要分別諸佛菩薩的聖典，你跟哪部經有緣，對你機，對你機就是好，不要把它們拉扯在一起。佛在這個會上說的法，你要拉扯到那個會上去，那個會上根本就不是這個機。人家是學商務管理的，你要是讓他去學科技發展原子能的功能，他做得了嗎？他根本沒學過。我們不會學的道友，往往在這個地方造了很多的罪。佛在這個會上說，他搬到那個會上，你把那個會搬到這家，之後，還做評論。佛法不是那麼神秘的，我不曉得大家怎麼理解，我說的是真實的，如果我說錯了，下地獄。

佛當初說法的時候，不是說我有意今天要說什麼，而是有什麼機他就說什麼法。《金剛經》說得很清楚，到了吃飯的時候，他洗洗鉢，化緣托鉢回來，吃完飯了，洗完了，飯碗一擱，他這麼一坐，敷座而坐，大家圍過來，須菩提就提出他的問題說：「佛，您善護念諸菩薩」，佛：「你說得很好！」這樣就談起來了；談完了《金剛經》，這一會就說完了。當我們講一個月、講兩個月，越講越多，這個註解，那個註解，跟佛當初的意思全遠了。佛每一法會，不是拖了好久還在說。般若不是說二十二年？不是只有一部，都是這一類範疇的，般若經典很多，大家可以看看般若部。像《金剛經》那一會也算般若，那是一切般若的心，說說就完了。到後來越來越神秘，陞法座得陞多高多高，要穿法衣，做什麼什麼，這叫佛教的形式。佛當初說法的時候，我想對這個會就說這個法。佛制戒也是這樣子，因為今天有人犯了，大家譏嫌，佛就制條戒，「這事兒以後不能再做了，以前就算了，我沒制戒不算犯，以後再做就是犯戒。」是這樣子的。

所以要知道當時的形勢，當時的說法情況，我們就知道每部經的涵義。釋迦牟尼佛他自己不會跟自己打官司的，不會跟自己打嘴仗的，這個這樣說，那個那樣說，一會兒說「有」，一會兒說「無」。釋迦牟尼佛給他說「有」，他高興啊，他就開悟成道了；至於對另一人，釋迦牟尼佛說「無」，他才能進入啊。你非得把「有」「無」拉在一塊兒，他不是那個機。對什麼機說什麼法，不要起分別心。

受了三皈依之後，要不要有觀想呢？也應該有。因為我們皈依的時候，釋迦牟尼佛是我們的本師，我們皈依就是觀想我們的本師釋迦牟尼佛。因為每位師父傳授三皈依的時候，都是以釋迦牟尼佛為主的，右邊是文殊師利菩薩、觀世音菩薩，左邊就是普賢菩薩、大勢至菩薩，一般是這樣觀想。

你並沒有專門學過這幾尊菩薩，你可以大體這樣觀想。你面前皈依的恩師就是釋迦牟尼佛，乃至於文殊、觀音、普賢、大勢至，這樣觀想都可以。但是，你要誠心誠意的念「皈依佛、皈依法、皈依僧」。不過西藏密宗，先說皈依上師，而後皈依佛、法、僧，因為沒有上師你不知道三寶，沒有上師給你傳，你不會皈依佛、法、僧，是這樣涵義。但在顯教，這樣皈依就可以了，僧寶只是誰代傳，就是這樣子。

接著，你至誠懇切的這樣想、這樣觀而已。但是你要修這個法的時候，專心觀想一尊，觀想的時候專注一境，修定的時候就是專注一境，專心致志的不改變。觀想釋迦牟尼佛放出光明來，這些菩薩也都放出光明，光明就照在我的身上。你平日在這裡這樣坐的時候，你可以開燈，燈光一照，「佛菩薩光照過我的身上了」。你這樣去觀想，就能得到；觀想久了，你就能得到光明。「光明照到我身上來了」，經常這樣觀想。

不過你修藥師法的，就觀想是藍光；修彌陀法的，就觀想是紅光；一般觀想釋迦牟尼佛的，就觀想白光。觀想恩師放光，光明照在我的身上。光明一照在你的身上，業障就消失，業障消失，智慧就增長。每次念的時候，就這樣觀想。

臨睡前，除了能念十聲之外，如果你還能抽出一點時間來，得發心啊，你觀想佛的光明加諸我身上。同時也觀想左邊是父親、右邊是母親，乃至於歷劫的父母，就是光明加諸他們。如果已經往生的，就增長他們的福慧，送他們到極樂世界，送到淨佛國土。如果他們還在三塗，或者還在天上，在天上增長他們的福慧，能夠聞到佛法；如果在三塗，馬上超生，生到天上。你這樣觀想的時候，你的福慧增長，又報佛恩、報父母恩，都具足了。這就是受三皈依的修行，這就夠你修了。

你說求上師、求灌頂，受這個灌頂、那個灌頂，我給大家略略說密宗次第。如果你想受灌頂，沒有先修四加行，這灌頂不成立。還有，我們請的上師是喇嘛，喇嘛上師說的是藏話，他不會說普通話，你藏語不懂，當然經過翻譯，一翻走了樣了，你的灌頂也得不到。還有就是說，在你求上師、求灌頂的時候，你修過四加行沒有？十萬大頭你有沒有磕？四加行的一種：磕十萬大頭。然後念十萬百字明咒。如果你修舊的法門，得念蓮花部的百字明咒；你修金剛部的，得念金剛部的百字明咒，並不是一樣的。磕十萬大頭，恐怕我們受灌頂的道友們，小頭都沒磕十萬，何況大頭。大頭得通身趴下去磕十萬大頭。

還得念十萬皈依誦，皈依誦是第一個念的，皈依是一切的根本，必須念完十萬皈依誦；之後修供養，供養十萬曼達，曼達供完了得要磕大頭懺悔過去的業障；之後就修持，念十萬百字明咒，就加持你一切魔障消失，完了你再修。你修哪個灌頂，修長壽佛灌頂一定得長壽，就消災免難；如果你要弘法，你要開智慧，都有次第的。

在西藏修學密宗的時候，沒有二十年的時間，你想受灌頂是不可能的。必須學二十年顯教，教理通達，你才能學密法。你可以去問問任何一位大喇嘛，說有個和尚他這樣說，西藏是不是真的這樣，你問問他。不論他是格魯巴、寧瑪巴、薩迦巴、噶舉巴，不論哪一家，不修四加行，你得不到成就。

在漢地，每個上師都給我們灌頂，這叫結緣灌頂，結個緣吧。結了緣，你也沒修，受完之後，你一離開壇場就還給上師，留在壇場，你並沒帶走，一樣也沒帶走。

你經常這樣子提起正念，經常在智慧光明之中。當你觀想光明照耀你的周身，注入你的身心，有時候你觀想從頂門注入你的身心，你的身心排出去的大概都是黑氣，你業障消失了。經常這樣觀，經常這樣想，之後你就開始念「皈依佛、皈依法、皈依僧」，那是最好了。

你念阿彌陀佛的時候，或者不論修什麼法門，如果不忘你本師的恩德，事先應該稱三聲「南無本師釋迦牟尼佛、南無本師釋迦牟尼佛、南無本師釋迦牟尼佛」，之後再修法，你修哪法都可以，念觀世音菩薩也可以，念地藏菩薩也可以，念阿彌陀佛也可以；但是你不要忘了釋迦牟尼佛，沒有釋迦牟尼佛，你什麼法也不知道，這都是釋迦牟尼佛說的。

你受了三皈依，也知道這樣修行，還要經常的護持三寶。我們一直護持三寶是幹什麼？我們道友都理解錯了，以為就是拿錢、給紅包，拿錢供養廟，或是幫助師父修廟，這才是護持三寶，但是這不是決定的。護持三寶，第一個你得有堅定的信心，這就是護持三寶。有的道友對三寶的信還沒立的，信心還沒有產生力量。沒有產生力量，有些什麼過患呢？沒有產生力量，你不能常念三寶。你這個念心，不是念到財、色、名、食、睡地獄五條根去了，就是念到貪、瞋、癡，不能念念不捨離三寶。能夠達到念念不捨離三寶，才叫做真正護念三寶。

護念，護你的念頭。念念都不忘佛、法、僧三寶，想到佛的恩德，想到法的加持力，使我能聞法了。就像我有很多病，我吃了這些藥，藥到病除，這個法就是佛給我的良藥。想佛的功德，無量劫修行，也想到了一切僧人，可以幫助我修行，做我的伴侶。例如我到哪裡去拜懺，大家跟著我拜懺。或者我們到哪裡一定打個七，或者念念《藥師經》，念念《地藏經》，或念念《法華經》，我們在溫哥華就念《法華經》、《藥師經》，在紐約的時候念念《華嚴經》，念念《楞嚴經》。一起念都可以做你們的伴侶，什麼是伴侶？就是跟我們共同修行。念哪部經，就知道一點那部經的大意，這就是殊勝修行因緣。

大家道友聚會在一起，乃至跟師父一起閒聊天，把很好的光陰都聊過去了。最好是見了面就修行。起碼一個月之中，二十幾天聊天可以，拿七天修行修行也好啊。現在的道友，你不跟他聊聊天，只到那裡去念經，他聽不下去，他受不了。怎麼辦呢？都要，天要聊，經也要念。世間事你也要做，三寶你也不要忘了。二十四小時中，你用四小時念三寶可以吧，二十個小時你做別的事。

現在我們的道友，說自己不違背自己，不欺騙自己。你檢查檢查，一天二十四小時，你做了好多的三寶事兒？你用錢來供養三寶，就把你的罪消掉了？消不掉的，只有自己修。如果你供養師父，那一位師父道心很堅定，他就把你這個錢趕緊轉移，不轉移他受不了，壓力他受不了。他在替你修福，替你念經，或者幹什麼，替你做功德。得捨啊，懂了這種道理就好了。得常時要有念心，只有念心也不行，還得精進。

財、色、名、食、睡，你一定要設法對治。皈依三寶了，你還很愛財，很好色，色有深有淺；穿的衣服要什麼顏色的，什麼樣名牌的，總而言之，是包括一切貪欲。吃的飲食要吃什麼好飲食，要怎麼樣的。雖然是現在吃素了，吃得很講究，要吃這個、那個的，還有什麼素雞、素鴨、素什麼，全都上來了。現在這個素食舖，做得非常象形，我說你吃了，跟吃動物的身體是一樣的罪，因為你心裡在吃。為什麼要這樣做呢？

好多的事兒，引導你走上錯誤的道路。「我在吃素啊」，吃素又如何？人家吃肉但是沒吃肉，沒吃肉的反而看著人家在吃肉。像濟顛禪師吃狗肉，你看他吃狗肉，他沒有吃狗肉啊！還有我們一個老和尚吃哺鴿，他一天要吃一隻哺鴿。「你這個老和尚真造罪！」有一天他的徒弟把哺鴿的一條腿拔了吃了。那師父懷疑：「這隻哺鴿怎麼少一條腿啊？」他的徒弟說：「師父！你天天吃啊，我吃條腿嚐一嚐嘛，不可以嗎？」師父就沒有多說什麼，等一會兒，「我把骨頭吐出來了。」這位師父也要求他的徒弟：「把腿吐出來，吐不出來你怎麼吃。」

這雖然是個笑話，涵義很深啊！我們既然是吃素，為什麼要做素魚、素蝦？當然是有人願點那個菜，素食館才做。如果它的菜，每個弟子看了，從來不要這道菜，它就不會做了。

以前在北京有間功德林，還有香頤園，老闆也是研究做素魚、素蝦，我說：「你研究了，你還不如拿葷的來吃。一樣的嘛，素食還沒有葷食營養。罪是一樣的，何必呢？不要造那個業。」大家想想看，象形的素食有葷食的罪過，沒有葷食的營養，這個問題可太大了。大家想想看，說只是象形，不是葷食，當時你心裡做何感想？為什麼要象形？懂得就行了。還有，現在很多的素食，添加許多致癌的東西，很不好消化。

你要是有智慧，自己去觀想，在你自己內心產生修道的殊勝因緣，外面自然就會有三寶加持力。就是內有因，外有緣結合，因緣和合，你想求什麼善果，立時得到。大家把我昨天說的那兩句話記得，若是定業可轉的話，善惡因果就沒有了；如果定業不可轉的話，成佛的人就沒有了。人家不能成佛了，他永遠轉不了那定業，他的業怎麼消得清淨，他怎麼能成佛呢？這兩者之間觀想久了，你自然就會開智慧。

順因果，不違背因果，加上三昧的加持力，兩者相結合，你的業就轉了，業就消失了，業就空了。如果你不順因果、昧因果，三昧加持力就加持不到了，當然加持不到，因為跟三昧力不合。是因為你的心，跟三昧加持力的心，兩個合在一起，你的業就沒有了。大家要經常觀想光明，放光明就是對治恐怖，人在黑暗中才會恐怖，在光明之中他不恐怖，想想看大家是不是這樣？如果你很害怕，把燈全打亮，電燈一照，這光明就可以把黑暗破除，你就不恐怖了。

在紐約，有一個小孩跟我講，他一睡覺就叫。我說：「你試試看，隔一間屋子給你，電燈不要關，看你還叫不叫？」開燈之後，他就不叫了，好睡了。過了很長一段時間，我說：「這會兒你再把燈關了。」他也不叫了。人見到黑暗就害怕。我們好多人都是這樣，在因地當中，特別是大家作夢，凡是恐懼的夢都是害怕，只要一亮、一光，恐懼的夢沒有了；你那時候還能念佛、念法、念僧，你一念，什麼都沒有了，光明現前了。要經常這樣想，這樣練習。

你念經要有精進心。精是純一，一點沒夾雜，純淨了。精進了就不退，勇猛向前。直心是道場，正念真如，直證菩提，所以在〈大乘起信論〉叫直心。當然最初的階段你達不到，但是你這個勇猛心、精進，而且不夾著妄念，不夾著思想，當你精純了，你可以把你好多劫罪的事情超度出去。《地藏經》說「是人超越三十劫罪」，聞到哪一個佛的名字，度多少大劫、幾百大劫。就是你的心純了，一念純淨心超過了。

我們過去的祖師有這種故事，他一坐上去參禪就會打瞌睡，昏沈特別重，他沒法對治，就坐在懸崖上，把自己擱到必死的地點，衝下去就死。久了還是不行啊，他就衝下去了，一衝就下去了。下去時，有人把他拖上來。「和尚護法，護法衛他」，他也高興了，他說：「在南瞻部洲娑婆世界上，像我這樣情形的很少。」心裡很高興，不自覺的就流出我慢心來，「我比人家強。」韋馱菩薩說：「你這個驕心、慢心，南贍部洲像你這樣修行的人多得多了。從你這一念驕慢心，我十劫不護持你。」護法沒有了，他就坐那兒想：「我最初修，也沒修哪個護法，你不護法算了，我照樣的修。」他又在這裡修，修一修還是支持不了，又衝下去。韋馱菩薩又把他拖上來了。「你不是不護法，怎麼又來了？」韋馱菩薩說：「你這一念超過十劫。」

大家理解一下，我說這個故事，是注重在精進，一念超過十劫。所以你有無量劫的罪，你多念念，晝夜的來念，二十四小時，這一念啊，你開了智慧，你所有的罪，你早把它壓回去了。一念豈止十劫，他還說得少，只是對他說。

大家知道，六祖大師聞到有人讀誦《金剛經》的句子：「應無所住而生其心」，他就開悟了。就那一念的開悟，他超多少劫？無量劫的生死，一下子頓斷了，希望大家都是一念頓超無量劫。過去人家講：「禪門一炷香，頓超直入，立證菩提。」這裡也講：「初發心成等正覺」，初發心、正覺心這兩個心哪個難啊？像《華嚴經》講：「如是二心，初心難。」菩提心難發，發了一定成佛。「因該果海，果徹因源」，這都是《華嚴經》的意義。

每部經、每件事，乃至於三皈依，都含著華嚴義。什麼叫《華嚴經》啊？因華嚴果德。隨便你一舉一按的這個因，就嚴了果德，這就是華嚴。你如果時時的這樣不退心，華嚴三昧，因該果海，果徹因源。如果你們大家都在這兒學《華嚴經》的，應當懂得這個原理。說什麼大小，什麼方圓，什麼長短，這都是屬於分別；到了究竟果德的時候，圓滿了還有什麼？

問：佛弟子應如何堅定信心？

師：這句話本來是堅淨信菩薩請問佛，在《占察善惡業報經》裡，他說：「世尊啊！末法眾生，他的清淨信心堅定不了，有什麼善巧方便，能使他信心堅定呢？」佛跟他說：「善哉善哉，你的問題太好了。但是我們會中有地藏菩薩摩訶薩，他會告訴你。」你問這句話，《占察善惡業報經》已經答覆了，也是堅淨信菩薩替你代問，我要是答覆解釋就很多了。

你認為怎麼樣堅定信心呢？多念三寶吧，消業障，信心就堅定了。你問你自己，你要是精進一點，你就堅定了。是誰不堅定？你自己不堅定，對不對？「我自己的業障重，我沒法堅定。」那麼你找地藏菩薩幫忙，地藏菩薩會加持你的，你看看《占察善惡業報經》，怎樣才能堅定，你用用占察輪會有用的。

問：如何從苦、空、無我入手修行？

師：我剛才就是講怎麼樣修行苦、空、無我。人有生必有死，這是空的，生死沒有，因為有生了必有死。怎麼樣空呢？你得想分析空，或者體空，當體即空，這問題很多。苦、空、無常、無我，四聖諦，講起來有很多，〈俱舍論〉、《阿含經》，都講這個。

問：如何以智慧照破我執、我慢心，清除煩惱？

師：你問這話，都是抄自經上的話。我們講的就是你所問的涵義。如果你皈依三寶，你經常這樣念，你念一聲三寶的時候，就是你的智慧。在你念三寶的時候，你沒有我執；等你正念三寶，皈依佛、皈依法、皈依僧了，我執、我慢心都降伏了。你念念念，念念降伏了，你煩惱就生不起來。你就正念皈依佛、皈依法、皈依僧，人家罵你，說你在這兒胡說八道幹什麼，你就皈依佛、皈依法、皈依僧，這就是智慧，這就是降伏。或者你正在念皈依佛、皈依法、皈依僧，你媽或者叫你幹什麼，你不去，就罵你了，你就生煩惱了，你不念了，那就糟糕了；她怎麼煩惱，你照樣皈依佛、皈依法、皈依僧。這就是用智慧破煩惱，很簡單。你不用，你就煩惱了。

但是煩惱力量強，你就念不起來了。到那時候，你心裡一障礙，煩惱不念。念而無念，無念而念，能所雙亡，這不是你所能理解的，也不是我們這個時間所能夠給你解決得了的。能所雙亡、心佛一片的境界，怎麼樣修才能達到？你就修觀吧！觀光明吧！都可以的。你就觀「不住色生心，不住聲、香、味、觸、法生心」，怎麼樣生心？應無所住而生其心，問題都解決了。你平常就這樣修，應無所住而生其心。

我們現在就迴向一下，「願以此功德，莊嚴佛淨土，上報四重恩，下濟三塗苦，盡此一報身，同生極樂國。」大家都願生極樂世界嗎？我們就迴向極樂世界吧！

第三講　生起決定的信心

我們上次講，皈依三寶之後，還要做一些事，也就是我們要修行。應當怎麼樣修行？皈依了之後要發心，發了心後要學佛。在學佛的過程當中，我們就是在修行。對於我們所受的三皈依，佛、法、僧，必須生起決定的信心。雖然受三皈依了，也學佛了，如果信心生不起來，惡念止不下去，善念就不能成長。因此，你必須生起決定的信仰。

我們並不是受了三皈依就算信佛，受了三皈依，雖然是佛弟子，但是培養信心，需要很長的時間。真正有了信心，成就信位的菩薩，要經過十劫的時間。一劫是好長時間呢？人的壽命八萬四千歲，過一百年減一歲，過一百年減一歲，減到人的壽命十歲；完了再從十歲過一百年增一歲，又過一百年增一歲，增到人的壽命八萬四千歲。這麼一增一減，算一個小劫。二十個小劫積累起來，就算一個中劫，四個中劫時間就是一大劫。我們這裡所經過的十劫是指小劫說的，就是經過十個八萬四千歲，過一百年減，過一百年增，一增一減，總共十次，算一個小劫。培養信心需要這麼長的時間。

有的人他的信心很堅定，而且一直起修。那就說明了他的信心，已經過多劫的培養，他現在已經堅定了，堅定就不會再疑惑了。信心堅定、不堅定，不是自己隨便說的，你得用事實來證明。財、色、名、食、睡，這是五欲的境界，又叫五蓋，它使你智慧發不出來；這五樣使你看不破、放不下。我們經常說：「財、色、名、食、睡，地獄五條根。」所以在地獄流轉，就是這五欲的關係。

我們自己可以檢驗一下，對財的愛好情況如何？對於色，這個「色」並不指男女關係，一切形形色色、一切物質，你貪念的情況如何？還有你的貪、瞋、癡，是不是心裡有煩惱？是不是愛發脾氣？心裡起貪念，貪的東西多了。你是不是有正信正念的心？你自己可以知道的。

如果真正有信心的，身業絕不再造殺、盜、淫的業；口業，妄言、綺語、兩舌、惡口，都絕對斷除的；意業就是指的貪、瞋、癡念，貪、瞋、癡念已經不起了。或者是起了這種念，前念起了，後念馬上就止住，絕不相續。這是入了信位的菩薩。

我們前面講過，受了三皈依，隨時要正念現前，要念佛、念法、念僧。如果做不到，不能隨時都在念佛、念法、念僧，睡覺的時候念十聲，念「皈依佛、皈依法、皈依僧」，一睜眼睛，也念十聲「皈依佛、皈依法、皈依僧」，好多人連這個都做不到。看來很簡單，為什麼做不到？這叫業。我們經常說業障、業障，業障在哪裡啊？業障沒有形相的。就是應該做的事你做不到，應該制止的事你也止不住，這就叫業障。不該做的，你勤快得很，非常精進；應該做的，你就懈怠了，你不做。

不論從美國，乃至於到大陸，到加拿大，我所走過的地區，接受三皈依的弟子，最初我都囑咐他：「晚上睡覺念十聲，起來一醒就念十聲。什麼事別做，把這個事做了。」過一段時間再問他，十個弟子差不多十個都沒做。為什麼？我們經常說：「啊！我業障重啊！」在哪兒表現業障重呢？這就是具體的表現。

應該制止的，就是不要有想害人家的心。我們經常關心別人的幸福，關心別人的愉快，不要把自己的愉快建立在別人的痛苦上，你絕對不做這種事。同時你受了三皈依，就是戒了，皈依佛，不皈依天魔外道；你還怕鬼神，還要敬鬼神。遇到一點什麼事，就求神保佑，或者求關聖帝君保佑你發財，求財神，那就是皈依鬼神了，你犯了皈依了，這就不是皈依佛了。

皈依法，一切外道典籍不皈依。那麼，學不學世間典籍呢？菩薩講究五明學，要學，學不是皈依，學了拿來當工具。你要是不學文字、不認識字，你還能學佛、能看經嗎？把世間典籍當工具，不是皈依，你經常這樣子的來考驗你的心裡。

皈依僧，我們受的是清淨福田僧，你就不要起分別心，哪一個僧清淨，哪一個僧不清淨，你不知道的；你所知道的只是現相，你看見現相，看不見他的本質。

我們對於一切三寶，不用分別心，我們無分別心去信仰、去恭敬、去做皈依。受了三皈依之後，應當做的事情很多，我們先講精進心。你受了三皈依，要能夠經常的不失掉三皈依的體，就是要念誦。多了不能夠，十聲一定要念。本來還有皈依頌，三皈依的頌。我們學密宗、受灌頂的人，必須得先念十萬，有這麼一小本，叫做皈依頌，就是頌佛、法、僧的功德，要念十萬；

而後，就不要念十萬了，就常常的念，不失正念。你必須得有精進心。

有了精進心，你正念不失。所謂正念者，就是不失掉念佛、念法、念僧，經常的回復著念。要是你遇到了痛苦，或者危險，你就「皈依佛、皈依法、皈依僧」。我們有的時候念「觀世音菩薩」可以吧？念「觀世音菩薩」當然也可以。專念一佛、一菩薩名號也可以。

但是皈依佛、皈依法、皈依僧，是一切僧人，包括這些菩薩，包括羅漢，包括凡夫僧。佛是一切諸佛，像我們所知道的藥師琉璃光如來、西方極樂世界阿彌陀佛、上方的不動佛、多寶如來等等，你皈依的佛是一切佛。法是一切諸佛所說的法，一切諸佛都有說法，不僅僅是我們釋迦牟尼佛所說的。皈依僧，過去的、現在的一切諸僧，你都皈依，而不是哪一位。這就是經常不懈，有這樣的精進心。

我們一般人是做不到的。諸位是兼業的，不是正業的，信佛是兼業，是你們的副業。對我們和尚來說，可是專業。專業者都沒做到，副業者又怎麼能做到呢？我們不必去分別他做到沒做到。不然你問哪個師父：「你是不是晚上睡覺念『皈依佛、皈依法、皈依僧』啊？你是不是早上起來也念『皈依佛、皈依法、皈依僧』啊？」專業者不同。或者他受持〈普賢行願品〉，他念十大願王；或者他是專門修淨土的，念著「阿彌陀佛」，他就念「阿彌陀佛」了。專業的，各念各的。

可是我們剛受三皈依的，你還沒有專修哪位本尊，你可以就念「皈依佛、皈依法、皈依僧」，就具足了，功德很多。不要起分別心。如果你說「我常誦《地藏經》」，你就念「地藏菩薩」；「我常念〈普門品〉」，你就念「觀世音菩薩」；你誦十大願王，就念「普賢菩薩」。哪一個菩薩都使你消災免難，你學哪一法，跟哪一個有因緣，你就學哪一個。

面對我們的道友，我不勸他說你學哪一法；不會因為我信哪一法，我學哪一法，叫你也跟著我學哪一法，我不會這樣做的。你學的是佛，要學佛祖說的法，法有八萬四千之多，比這還多，你跟哪個有緣，你先見到哪個了，跟你有緣，你就專心修哪個，一定能成就。不因為這個師父說念佛好，你跟著念佛；那個師父又說讀《華嚴經》好，你就讀《華嚴》；再一個師父說《法華經》成佛的，你也去讀。讀到最後，你什麼也沒得到。要專一，看你自己的因緣。

因此，你受三皈依之後，要有精進心，精進就是不懈怠的意思。有了精進心做什麼呢？就是念三寶。念三寶，我們前面講過，簡單重覆一下，念三寶，念佛的功德。因為佛說法，我們才聞得到法。報佛恩，除了念佛的功德，還有念佛的恩德，我們要報恩。怎麼樣報法呢？有些道友就問我了，怎麼樣報恩啊？你念經就好了，乃至於四句偈都好，念四句都可以，隨便你哪四句，哪部經上的四句話都可以，也算報佛恩了。還有，我們要念經、要修行的時候，就得要供香、供花、供燈、供塗（即香油塗身），有好多要供養。但是，你沒有，就量你的力量所及，要是都沒有了，你合起掌來供養，你念幾句頌，或是「願以此功德，莊嚴佛淨土，上報四重恩，下濟三塗苦」，都算報佛恩，都算供養。我們拜懺的時候，觀想「願此香花雲，遍滿十方界，供養一切佛，尊法諸賢聖，無邊佛土中，受用作佛事」。憶念供養，這是《華嚴經》裡面普賢十大願王的第三大願，供養一切諸佛，廣修供養。這種供養不只是一束花、兩束花，盡虛空供養，全是花了，全是香了。

還有，你要是穿新衣服，你先把新衣服供佛再穿；或吃好東西，先供供佛再吃。一切事物，給小孩玩的好玩具，也先供供佛，之後再給小孩玩，一切都供養。你到過超級市場沒有？你只要走過的，不論美國也好，加拿大、法國、歐洲，哪一個國家它的超級市場你走過的，你都可以憶念做供養。你感覺很多了，這都是很少。如果你學過《華嚴經》，把極樂世界作供養，把東方藥師琉璃光如來世界，把十方法界一切請去供養，就看你心量大小，這個供養是不可思議的。

還有在十大願王裡頭講的，一切供養，法供養為最。如果法供養觀想不起來，念《金剛經》也可以，念《彌陀經》也可以，隨便你記得哪部經的四句話，都可以做供養。你看十大願王是禮佛、讚佛、供養佛，這三大願絕對是前後相連接的。我們一見到佛像先磕頭，磕頭了，這叫禮；禮完了就讚歎，讚歎佛，你隨便說四句，自己想不起來了，就是念著佛經上所說的四句偈也可以；之後，再去做供養，就這麼供養。這三大願是前後相續的，絕對是這樣的，哪部經都這樣說。

要常念三寶所有功德。如果你能念念不離，你就修成了。但是僅僅就這個常念三寶，你也做不到。為什麼我這樣說呢？我想大家做不到。這裡頭或者有菩薩，他會做到的，那是各別的。因為在末法時代，我們的心念，沒有那麼大的力量。叫你來念佛菩薩的，數量不多。如果從我們現在說了之後，諸位道友能做，你生死就能了；不要有什麼顧慮，堅信不疑去做，念念不離三寶，你成就了。可能我還做別的事，不過，我們的腦筋裡頭很多的空間，你念經的時候能打妄想，你做別的事可以打供佛的妄想，打念佛的妄想，這個妄想就變成真的了。你的正業就變成妄想了，你的副業就變成真的了。這就是想，十法界就是你心念所想成的。

我們經常問，信佛之後還是有迷惑、疑惑，真的、假的？做得到嗎？真能有這樣的效果嗎？這叫疑惑。疑惑，根本就不信，根本就不懂，沒有智慧，他就不懂。因為他迷惑了，迷惑跟疑惑兩個這麼摻著，佛所說的法就是治你這些病。這些法就是藥，你有病又不吃藥，你的病怎麼好啊？你只有等到病死為止，就是如此。

你念念三寶，念佛所說的法，你應該依著法去想，這叫正念；不依著法來想，叫胡思亂想，叫顛倒夢想，《心經》上所說的。你依著正念去做，這個藥你服了，一切災難都消失，你會能回到自己的佛寶、法寶、僧寶。假外界的佛、法、僧，念念會發揮你自性的三寶。大家要懂得這個道理，這個道理特別深，也特別的平淡。

密宗説大圓滿、大手印的法，是密宗最究竟的法門。我們也知道，學習《華嚴經》跟《法華經》，一部成佛的《法華》，一部開悟的《楞嚴》，其實《法華經》、《華嚴經》就包括一切佛法。就是因該果海、果徹因源，從你一發心的這一念心就是因，這個因就把佛果的一切事業成就都包括在內；等證到佛果，又把你最初所發的那個心攝受過來，這最圓滿了。

佛法中最圓滿、最究竟的是什麼呢？就是你現前的、平常的一念心。你念念念三寶，念念念佛、法、僧，之後又照佛所説的法去做，這叫殊勝因緣，會得到佛、法、僧三寶的加持。為什麼能得到呢？因為你自性的佛、法、僧三寶顯現。所以這種加持力，地藏菩薩加持，或觀世音菩薩加持，其實是自己加持你自己。懂得這個道理，功德更殊勝。「我自己加持自己，那還念觀世音菩薩、地藏菩薩做什麼？」但是你不念觀世音菩薩、地藏菩薩，你自己又發生不出來，你一念了，跟你自己結合了，結為一體了，才產生效果。

這就是修行。修行就是想，想就是思惟。還要磕頭幹什麼呢？磕頭也是修行。當你磕頭的時候，消滅你的身業所造的殺、盜、淫業；當你口讚歎佛的時候，消滅你口業的妄言、綺語、兩舌、惡口；當你憶想念佛、念法、念僧的時候，就是戒、定、慧，戒、定、慧就滅你的貪、瞋、癡，叫做捨業清淨。這要練習，你這樣想，這樣思惟，這樣修，漸漸就能入佛道。

這個有因有果。在因地修的時候，一定能契果；等契到果的時候，所證得的究竟果，就是原來你最初的心，因果交徹。那麼就不要再問了，不要問這個師父、那個師父，到處問，誰給你說的都如是。如果跟你有緣，你就聽見了，深入一點；跟你沒緣，你就聽得不深入。這是緣的問題，並不是法有差別，法沒差別，誰都得如是說，不如是說就是魔道。

你現在皈依三寶，一定要念念不忘三寶，這是正確的道路。因為念念不忘三寶，使你自己的三寶產生了，所以你得到加持力。就是自性三寶，跟外界的現相三寶，兩個結合起來，自然得到殊勝加持，這個時候你能生起歡喜心。因為念三寶而能夠生起自己的一種歡喜心。歡喜心，我們可以說好多例子。

有些人念經，念得非常歡喜，很愉快。也有些人念經，很苦惱，念得身上發燒、發熱。念《地藏經》看見鬼來了；鬼沒有來，而是他心裡的鬼來了。

要是沒念三寶，鬼又來了，念鬼，鬼就來了。其實他錯了，《地藏經》的鬼可不是鬼，因為釋迦牟尼佛是在忉利天說的，鬼來人間都到不了，能到天上去嗎？而且能到帝釋天玉皇大帝的宮殿裡去嗎？因此，是你自己的心。當你得到法喜，就是念三寶得到法喜了。我說的都是三皈依，大家不要想甚深的大法，也不是《華嚴》，也不是《法華》，就是我們受的三皈依。受了三皈依，你修行就這樣想。

你說：「法師！你說太多了，我想不到那麼多。」你想不出這麼多，想十分之一也好，只要不離開這個道路，就只在這個道路上去走，絕對能夠走到的。走到什麼道？走到佛的究竟道上。

這個時候你要有念、有精進，你生起歡喜心來了。你對這個法有殊勝感，就越念越高興，越學越高興。當你不念不行的時候，就得到法的加持了。如果今天晚上偷懶了，天色也太暗了，跟人家閒談，擺龍門陣，或者朋友邀請，下飯館，回來晚了，把正事給耽誤，念不成了，你說：「我明天再補吧。」好多道友這樣子，今天功課沒做，等到明天再補。明天是明天，不是今天。這不是衣服破了，拿塊布來補上，沒有這種事，你怎麼補啊？今天的事兒就今天做，不能補。「我不想做」，就懈怠了，就睡覺去了，你睡不著。如果你沒念，你睡不著。如果你用功很久了，不管是鬼叫你，護法神叫你也好，你非得起來念完才睡覺，不然你就睜著眼睛在床上打滾吧！睡不著。不信你試試看，如果你能睡得著，是你沒有功夫，你沒得到那個力量；你真正得到那個力量，你想不念，到時候那個意念自然就念。這就叫加持力，這就是你得到法喜，會生出歡喜心。

當你用功用到這樣子，能念念的不忘，你會自己生起一種智慧。這個智慧就是你自己判斷，過去我不知道的事，現在明白了。過去看這句話，怎麼看也理解不到，如果你現在經常念三寶，或者又再念這部經的時候，你就知道了。怎麼知道的呢？就是由你念三寶的功德，你自心的磨練所生起的慧心，這叫慧。這個慧，就是你對一切事物，能做分析、抉擇、判斷。

你不知道怎麼樣做才對，這麼做對嗎？那麼做對嗎？但是當你用功用到這個程度的時候，有一定程度了，你靜下來，會開智慧的，就知道自己應該怎麼做。好比這句話不理解，你知道怎麼理解了。你又知道，我現在修行的，有哪些還不對，哪些對。也不用占察輪打卦去了，我們學《占察善惡業報經》

是用占察輪占一占，讓地藏菩薩告訴我們。你有了慧心，你自己會分別、抉擇，知道哪一樣做了是有過錯的，哪一樣做了是有功德的，你對功過自己就能分得很清楚。什麼叫失誤，什麼叫進取，你就知道這是魔境還是聖境。

如果你念經念得忽然看見光明，忽然之間我們燒的香爐上放出一種異香，不是你燒的香，這裡有魔也有聖境。如果你是念經在修行的，你自己就能判斷：「我今天這個異象，我所見的相好，是真的，是假的。」什麼是聖境？什麼是魔境？你自己有慧心。有了慧心了，就排除邪見、惡見。

現在有些修行者，或者打一個七，或是拜了幾天懺，得了一種境界相，他就認為他得到了，認為了不得了，之後還招搖撞騙，這就是魔境，不是聖境。如果你不起分別，認為這個跟生死不相干，照常的來用功，該怎麼做就怎麼做，這就是正知正見。正邪就在你的心念，一念之間，這要產生慧心。

因為有了智慧，有了判斷的能力，你皈依的心，更加懇切了，皈依佛、皈依法、皈依僧的心更懇切了，就能決定皈依，決定依著佛、依著法、依著僧。決定的時候，你自己不明了，打開經本看一看，看佛怎麼說的，你就可以決定了。或者你也不理解法，那就找你師父問一問，這就要選擇善知識。

選擇善知識者，他能夠善知法要，法的要點他能知道，這叫善知識。善知識有好多種，法師也有好多種，我們就不詳細講了。總之，你必須找一個具德行的善知識，他能跟你分析、解釋清楚，如何算是得，如何算是失，如何算是魔境，如何算是聖境。所以我們真正閉關修行的時候，善知識是不能離開的。

像在紐約，有一位堪布卡塔仁波切，他是西藏的喇嘛，屬於噶舉巴，噶舉巴就是白教。他成立一個閉關中心，修了好多關房，現在因為發心的人多，不夠使用，他就增建關房。在增加的時候，我們也幫助他籌畫了一些錢來修行，但是他必須住在山裡頭，不能離開。或者一週，或者是半個月，他都要到每個關房去問一問，問你修行的近況如何，了解一些情況，免得入魔。

但是你想發心到這裡修行，或是發心、發願「我常時受持三寶」，你得有定力。有了智慧了，決定了，有了定力了，你才能夠真正皈依。你受的是皈依，如果不修行，不可靠的。你沒有慧、沒有定，皈依所受的效果很小，容易動搖。你碰見一個有神通的人說：「我能使你發財。」或者你另外又找女人，你太太跟你吵架，他告訴你：「我能使你太太不跟你吵架，能有些方法幫助你。」這完全是邪道，絕對要不得。凡是在五欲境財、色、名、食、睡，來幫你忙的，絕不是正道。但是你自己，沒有定力，就動搖了。有定力的，誰說什麼，不會被他轉。因為你皈依三寶，有了慧心，定力已經產生，這叫定心。

這跟《華嚴經》上講的十信位菩薩，信心、念心、精進心、慧心、定心、不退心、迴向心、護心、戒心、願心那十種心，有所不同。我這裡講的是淺近的，是按著一般的受了三皈依之後，應當有的、必然有的這些現相。如果你要修行的話，這個現相就有了，不修行的話，沒有。

還要有施捨的心。不是出家人一要你施捨，我們在家弟子就認為：「我們要拿錢給師父。」這種想法是錯誤的。師父要修廟了，要蓋大學了，要幹什麼了，這才叫布施，不是這樣子。施是施你的心，你所說的那是物質，物質解決不了你心的問題。你施點財，或者供養一點東西，你得福，是不錯的，這是佛說的。你要是認為因為布施就能成道，沒有！成道不是錢買的，多錢都不行。《金剛經》上講，把這個七寶堆滿三千大千世界那麼多，你拿來布施，功德不大，不如你念一遍《金剛經》的功德。懂得這個涵義了嗎？

我加上兩句。我們聽經，你為什麼來聽經？你得搞清楚。為什麼要聽這個老和尚講？我為什麼要講經？我講的目的是什麼？你聽的目的是什麼？我們結合起來。如果你聽經的目的不明確，我講的也不明確，這裡頭摻雜名利思想，我打知名度，那講者、說者什麼利益都得不到，而且有罪過，講者有罪過。一定要出離這些心。

現在我講施心，是能捨。捨什麼呢？屬於我自己擁有的，屬於我自己的，讓他人得快樂的，都要捨。前兩天跟大家說，你家庭的關係、父母的關係、夫婦的關係、子女的關係，你要捨，要布施。拿什麼布施呢？孝養、歡喜心，用歡喜心布施人家。先生不要把外頭的煩惱帶回家，拿著太太、孩子出氣。我看見好多父母，比方吵架，或者有什麼不平和了，孩子在那兒玩的，跟孩子毫不相干，他過去給孩子兩巴掌，拿孩子出氣，你說這孩子心理能平衡嗎？這事兒我看見很多，我當時就說：「你還是佛弟子呢？你的煩惱怎麼能出在孩子身上啊？」先生回家來，對家庭歡歡喜喜，這一家人很歡樂。如果他一回來繃著臉，太太不曉得怎麼回事，滿頭霧水，再一說就發脾氣，再一碰就發脾氣，這就不行。永遠布施給人家歡喜，這是說家庭。

對任何人，你走路時難免有人碰你一下子，或者你給人家道個歉，過在他，你道個歉，使他更慚愧一點，沒什麼關係的。如果兩個人一爭，在美國經常有這個事，你認為是小事，就因為走路碰他一下子，兩人吵起來了，吵起來掏槍，一槍就把他打死了。打死了，他也被捕了，判了好多年。我說，死的死了，他活著也是想不通的。就因為一念之間，如果布施一個歡喜心，又有什麼不可以？

我說得很容易，自己還是做不到。一天笑臉給人家，人家罵你，你還給他笑臉，你越笑，他越罵你，不麻煩了嗎？你的心地一定要能平衡。

還有，我們一布施，就想到佛菩薩加持。只給佛買幾個水果，希望佛加持他又發財、家庭又平安，真是一本萬萬利了。有沒有這個心呢？我看有些人是有的，我看一般的老婆婆，或者到廟裡燒香，拿著一支香跪在那裡求，她求的事太多了。她只插了一支香，可以不可以呢？可以。並不是說物質少，而是你心量如何。我這一支香插下去，我觀想這支香遍法界，藥師琉璃光如來世界，乃至阿彌陀佛世界，我這一支香全遍滿了；我這一支香大，觀想它無量，因為你心無量，物質就無量。可以用少物，並且沒有求回報心，要無所回報的。

我們也發願，《地藏經》說：你有千百萬億願、千百萬億事，都可以向地藏菩薩求，地藏菩薩都能滿你的願。但是總的說，你要讓一切眾生得幸福，我們第一個迴向都是法界眾生。我們道友們都學會了，只要迴向，要法界眾生得快樂。不過，他心裡著重的重點可不是法界眾生，他的著重點還是自己。也好啦，自己也有了，你就多迴向幾次，迴向法界眾生，之後最後迴向我自己，用這個迴向的功德迴向，讓諸佛菩薩加持自己。五欲的事兒少迴向，五欲就是財、色、名、食、睡。多迴向得智慧，有了智慧你什麼都能知道了，你什麼都能成就了。

對於供養的功德，不要起執著心。像《金剛經》，你誦一遍得那麼大的功德，你感覺上很渺茫的，說是得了，你沒到手。我們是務實主義，我一迴向之後，隔兩天，菩薩就給我送來，他才認為這是真實的。這種事是辦不到的，這樣容易生執著，容易起貪戀心。

沒得到想得，得到的守護著不施，很怕丟掉，保護不失。你保護不住的，你什麼都保護不住的；就是這個世界、這個地球，也保護不住的。一定時候必定壞，沒壞是時候沒到。就像你所做的善惡業，還沒有回饋給你的時候，還沒報的時候，是時候沒到；到時候，你想不報都不行。

施的時候要捨心，常時布施，什麼都捨。要內施，眼、耳、鼻、舌、身、意都捨。意施怎麼捨？意施，你隨人家的意願。我有我的看法，人家有人家的看法，我就歡喜人家的看法，把我的看法收起來，我就布施給他，讓他高興，這叫布施。布施裡面包含很多，有內施、外施、財施、法施、一切施、無畏施。像這個人害怕了，我能給他安慰，讓他不害怕，這叫無畏施，這就是觀世音菩薩所施捨的。

皈依三寶了，一定要有施心，施捨的「施」，不是自私的「私」。你皈依三寶了之後，你老是用自私的心，不行；要用布施的心，能捨，乃至於連你自己的身、首，一切你所有的都能捨，這就是布施。布施的涵義，大家一定要好好的認識。不要認為，和尚一說布施，佛一說布施，就是錢錢錢，一切都向錢看，那樣子所得的功德很小，布施你的心，得的功德才大。

有些弟子問我：「師父啊！我想布施你老人家，你缺什麼？」我說：「我想成佛。」「我都未成佛，我怎麼能供養師父呢！」我說：「你念部經就行了。長的經你沒時間，念部《心經》總可以吧。」佛教導我們，一切供養之中，法供養為最。如果我們要想供養佛，坐在佛前面念一部經供養佛。這個功德，佛跟你自己所得的功德非常之大。

你們怎麼一說供養，就想到錢，一說施就想到錢？要不要呢？要啊，也要。但是功德是小的，真正的功德是法供養為最。布施就是這樣子。

我在紐約發生過這種事，我跟在家的道友說：「你不要到處跑，你在家修行就好了。」他這個廟燒香，那個廟磕頭，這兒打佛七，那兒參禪。功夫都浪費了，路上開車的時間很多，都浪費了。於是紐約的道友就說了，他說：「夢老說的，我們不必到處亂跑，在家修就好了。」好多寺廟的師父跟我打電話：「老師父啊！你大概有緣份，我們沒緣份，我要吃飯，你讓人家都不去寺廟，我們吃什麼啊？」這不是誤解嘛！

我說：「你多撥出時間在家裡頭好好念念佛，不要一天到處跑，跑完了，就講這間廟是非、那間廟是非、道友之間是非，你還修行什麼嗎？你信仰三寶、恭敬三寶，功德沒有，讓你嘴巴造業都造出去了，划不來是不是？」至於面對勸我的人，我是這麼答覆他：「你自己修行，你還愁沒得吃、沒得供養？沒得供養，韋馱菩薩要負責任的，護法神是幹什麼的？護法神就是護法，但是你沒有法，那是不行的。」

護的是法，你們諸位護的也是法，沒法的你不要護，我還是堅持我的意見。護法不是負責你吃飯的，也不是負責你穿衣服。懂得這個涵義就行了。

還有，必須護佛、護法、護僧。最重要的護持不要忽略掉你自己，你要護持自己的正念，護持內心的善法，護心非常重要。我們往往把自己的善業忽視掉了，不護持，散失掉了；面對自己的那點世間財，用種種方法來保護，你保護不住的。你內心護持到了，一切天龍八部都給你護持，你有了正法，你有了心，你還怕嗎？你愁什麼？什麼都不怕。身體是假的，生命是假的，是幻化的、不實的。真正要護的是你內心的善法，是你內心的善念。念佛、念法、念僧，善護自己的意念，消除一切的障礙。

正因為我們自己的善念不堅定、正念不堅定，人家一誘惑，聽人家一催，把你自己的正念、正心就丟了，跟著人家轉去了。因此，定心跟護心都很重要。

還有發願，我們剛信佛受三皈依的時候，沒有一位師父不教你發四弘誓願的，一定發願「眾生無邊誓願度，煩惱無盡誓願斷，法門無量誓願學，佛道無上誓願成」，這叫四弘誓願。一定要發願度眾生，一定要使如來的正法永久住世。要策勵自己，這個願就是促使你精進。

同時，要發願生生世世都遇見三寶，這是最重要的。發願生生世世都能遇見三寶，都能生生世世如法修行，照佛所教導的，教我們怎麼做，我們就怎麼做。這就是護你自己的佛、自己的法、自己的僧，叫自性三寶。你的清淨心，你的本體，那個性體，就是你的佛寶；清淨心，就是你的僧寶；清淨心跟你的本性結合起來，就是一切諸法，這就是法寶。因著這個而去修行，使你的自性三寶生生世世增長，直至成佛。

之後，你別認為你修行的功德小。修行的功德不可思議，你若是能夠願心、護心、定心、念心、精進心，這些心都保持護持很好，把這些都迴向，這叫殊勝功德。迴向給自己，又回到自心來。功德是外頭的，回到自心來，又迴向給一切眾生，就是自他兩利。你心裡頭常時這樣念，不捨離這個念心，一定要注意，永遠不捨離三寶，念念不忘三寶。

我們講的這些，就叫修行，就這麼樣修行。就是你天天想，天天這樣念，天天迴護，轉變你的心，轉變你的性。同時也告訴我們，修行沒有什麼奇特，並不是打坐才叫修行，非到佛堂磕頭才叫修行。就在日常工作當中、生活當中，你念念都在修行；端看你怎麼樣用心就是了，每部經都這樣說。

在《華嚴經》的〈淨行品〉裡，智首菩薩問文殊師利菩薩說：「這一切末法眾生，要想得到佛智，要想得到無礙智，要想得到殊勝智，怎麼樣能得到呢？要想不被一切魔障所困擾，要想一切資生之具都得充足，怎麼樣能做得到呢？」文殊菩薩答覆四個字「善用其心」。如果你善用其心，你都能得到。我們經常護念三寶，就是善用其心。如果你還做不到，你念念〈淨行品〉，一共有一百四十一願，念念不忘眾生，念念求成佛道，就是這個心，善用其心、善護其心就是這樣。

所以，你這樣來念念迴向，念念思惟，永久皈依佛、法、僧三寶。從皈依外在的境界佛、法、僧三寶，回歸你自己自心的無境界的三寶，就是用你自心的三寶轉外界的三寶，心能轉境就是佛。如果不是三寶的境界，別的境界，貪、瞋、癡欲，財、色、名、食、睡，把你轉了，你就苦了，就流轉。你所求的永遠都得不到，你想離苦離不到，你想得到的得不到，你想不病辦不到，你想不死更辦不到了。

你經常的這樣迴護、這樣想，這就叫修行。就在你日常的生活當中，隨時隨地都在修行。要是等到了佛堂才修行，在外頭散亂了一天，回來到佛堂，心裡收不回來，這麼一坐下，「那筆生意還沒談好！明天還來不來啊？」好多事了。不靜下來沒事兒，一靜下來，妄想雜念就來了。但是會修的，可以排除一切雜念。我們大家做靜修的時候，都會想到很多的事兒，這是自己的浮塵的影子，一過去了之後，你的真心就會顯現，你的智慧就會來了。

有的人跟我說他記憶力衰退，問我說：「怎麼修行啊？我打坐靜下來時。哎呀！一靜下來妄想很多。」我說：「你多靜一會兒，你就沒妄想了，智慧就來了。」我就給他講個故事。以前，在高旻寺，大家都知道高旻寺，是坐禪的。有一天，天天給寺裡頭送豆腐的生意人，他看見師父天天坐著，他說：「幹什麼？究竟有什麼好處？」他就跟知客師說：「知客師啊！能不能讓我也坐一下？」知客師說：「不行！你怎麼能進去坐，你也坐不住，時間很長啊。」他一再要求。知客師說：「這樣好了，你別進禪堂裡頭，在後門那兒坐著，聽到人家打板你再走，沒打板你可不能動。」他說：「好啦。」

他就去坐上。打板出來了，知客師問這位賣豆腐的人：「你坐得怎麼樣？」「哦！太好了。」知客師說：「好到什麼程度？」他說：「我有好幾年的豆腐帳都忘了，現在一下子想起來了。我得去要錢收帳，忘了，我就不能再要了。」這是因為他一靜下來，過去的浮塵影子現前，他就想起豆腐帳。

我們想起什麼呢？多生累劫。一靜下來，你的慧力發現了，你有智慧了。我們沒智慧，不知道我們前生、前前生、上前前生，究竟幹什麼。但是一靜下來，你智慧一明，這叫宿命智，你過去的宿命就現前了。「我前生是這個，我前生是那個」，如果有罪的就懺悔，有功德的把它長養起來，就這樣的迴向。

我們一般人做任何事情都講求效果，像我們做生意講掙錢，效果好；賠錢了，效果壞。當你做一件事情，收不到效果，是不好，信入之心不能增長。皈依修行有沒有效果呢？不修行沒效果，修行絕對有效果，起碼你的煩惱漸漸輕，你的智慧逐漸增長。

好多人，雖然他沒有早念、晚念，但是皈依佛了，經常的聽課，經常的熏習，經常磕頭拜懺，漸漸感覺到過去發脾氣、心裡很急，居然不發脾氣了，逐漸的就轉化了。或者跟工友，或者跟職員們，經常的發脾氣，責備人家，但是他學了佛之後，漸漸能心平氣和跟人家說，再不發脾氣了。所以我到他們公司去，他們職員說：「老師父！我們都要皈依你。」我問：「為什麼？」他說：「我們的董事長不跟我們發脾氣了。」這叫效果，因為他一個人來影響他們的公司差不多上百人，一層一層的很多職員，如果董事長不發脾氣，能轉變了，別人認為：「像他這樣個性的人，居然也能轉化過來，佛法的力量還是很大的。」所以一定有效果。

我們現在就有七、八十位道友，如果我們大家都學得很好，這七、八十個人放出來的光輝，放出的光明，你周圍的六親眷屬，乃至你公司的職員，同參道友，你所認識的人，他一看，「這個人變化這麼大啊，現在這麼好啊。」以前看你的眼睛瞪多大，嘴巴一說話，眼睛一鼓，很嚇人的。現在看你，像菩薩了；一看到你，就很喜歡。你給人家一個喜歡的相了，這叫效果。

因為我們念佛、念法、念僧，受了皈依就依止三寶了，依靠三寶了。三寶有一種威力，在你的身上發生作用。這種威力不是人見了就害怕，而是有感人的力量。或許本來對你很不好，現在他看你，他不敢不好了，「人家這麼好的人，我為什麼對人家不好？」他看你的相貌，不是說你長得漂亮或長得醜，或者你會化妝，這完全沒用的。

我們知道道安律師的歷史，他長得最醜，但是誰見到他就是恭敬得不得了。像智者大師，以前有一位將軍，他在戰場上統兵百萬，到了智者大師那屋子去，他嚇得混身是汗。他出來說：「為什麼？百萬軍眾，我從來不怕，怎麼一個老和尚在那邊靜坐，我嚇得這個樣子！」他不知道，那些護法神的威力。這些都是我們所不能見到的，這叫依止三寶的威力。你所有的苦難就漸漸消除了，消除你這些無形無相的苦難，你自己並不知道，然後你會很平安的。

還有一位道友問我：「師父！我信佛將近二十五年，現在感覺什麼都沒有。」我說：「你想有什麼呢？」「起碼有些感應，讓我財富能夠再大一點，我的房子小了一點，讓我對於我的公司再沒什麼罣礙。」我說：「你現在還有罣礙嗎？」「有啊！還怕它賠啊。」我說：「佛菩薩已經加持你很多了。」他說：「沒有啊！」我說：「這些年來，你害病沒有？」「沒有，確實沒有。」「你太太生病沒有？」「也沒有。」「家宅平安否？」「還算平安。」我說：

「你的兒子讀大學，給你惹麻煩沒有？」「還沒有，小孩都還聽話。」他有四個孩子。我說：「這不是加持你啊！你看看人家兒子，讓家裡父母操好大的心啊！」就他隔壁的鄰居，也是他公司的成員，我說：「他一年輕就害病，光醫藥費去了好多。你不害病，你不是得到了嗎？」他說：「那是因為我身體好啊！」我說：「那不見得，沒害病的時候身體好，害了病了就身體不好了。」

人要知福，要報佛恩。現在這種經濟不景氣之下，你的公司收入一年的盈餘都是十分之二，就是十成得二成利，他已經得五成，哪有這種事。現在已經不是那個時代了，買股票有時候買十成得十成的，翻一翻的也有；但是也有跌的時候，跌的時候你要跳樓了，你便什麼都沒有了。

有時候，我們往往誤解這個效果。你只要正心誠意的信念不退，你感覺平安，現在就是福。現在社會災難好多，你能一家人平平安安的正常生活，很不容易了。你如果皈依三寶至誠念，在佛經上說，可以能免八苦。遠離王難，不會抓你關監牢，無緣無故的這些難都沒有；兵難、賊難、監獄難，風災、火災、水災，這些災難你都沒有，這就是你皈依三寶的功德，能使你得到這些好處。

同樣的災難，別人有了，在你身上沒有，乃至於中毒了。好比我們這一個桌子吃飯的，別人都中毒了，你沒有。那怪了，因為你吃了一種別的東西，恰恰對著那個毒，好像菩薩安排似的。其實不是的，是你自己的因緣。這些事，我也知道一兩件。還有非人之禍。非人，就不是人道的，就是大力鬼神，他會降災害給你，或者要報復你，或者你對他不敬了。是因為現在你的信願之心堅定誠懇，自己身體健康，家宅平安，你的財富雖然沒有增加好多，卻也沒失掉。

還有，最大的是增加你的智慧，你對於一切事物有判斷的能力，能知道我該怎麼做，我不能怎麼樣去做，絕不做惡，絕不起惡念；連惡念都不起，你還會去做惡事嗎？即使起了惡念，前念一起，後念馬上就止住。什麼叫惡念呢？譬如說看到一個大鑽石特別大，你說：「我要得到這個寶石。」這惡念，貪心就起了，這一念貪心可能引出很多麻煩。如果你馬上第二念就消失了，「這個到我手上，還是人家的，我又如何啊？」隨時這樣觀照。這樣子，你的淨業隨時在增長，你的黑業隨時在消失、在損減，這種因果非常分明的。

你自己有了智慧，非常能判斷。最重要的，你常遇見好人，常遇到善知識，常遇到善人，盡是善友在你身邊。你經常聞到佛法，聞到的是正法，修行的是正路、是菩提道，能夠對因果生起正確的信心。

這樣子，就是你所修行的效果。能夠修到你生生世世，有法可聞，有道可修，有道可成。永遠碰不見惡魔外道，你所遇到的伴侶都是良師益友，這個是最重要的。

要是我們自己的信仰沒有根，又沒有力量的時候，如果遇到一個邪說邪行，會把你引到邪道路上去。因為你沒有這種智慧判斷，現在特別多。假如他用五欲來勾牽你，他說：「你要信我這個法，我能使你得到大財大富。」好比你在公司當經理，他說：「你用我這個法，你自己當董事長，自己開公司。」你就想：「佛法還是沒有他這個效果大。」你就信他，跟他學去了。你要是修財神法修財，真的得到了；得到了，後頭還會失掉，有得就有失。但是，得到的是虛幻的，不是真實的。

你要是懂得這種道理，你的白業漸漸的增長，黑業漸漸的消失。前面我跟大家說，在你修行靜坐的時候，受了三皈依，觀想釋迦牟尼佛放出白光，佛周身都是白光，他的白光注入你的頭頂門，注到你的全身，你身體排出去都是黑氣，這就是白業漸增了。隨時這樣想，隨時這樣觀，就是觀想來修行。

世間上的功德，你可以捨，不求果報，而且要迴向。這個功德，我不要，布施給法界一切眾生，讓他們都不受厄難，讓這個世界災難消除，常時有正法流通，人人都過幸福的平安的生活。你的功德，你的布施，力量就大了，越迴向越大。如果你能這樣做，就是你修行所得到的效果。繼續再修，就直至成佛，因緣果滿了。

這些事情說起來好像很容易，大家做起來就難了，因為這裡有障礙。如果你睡覺前，正在念皈依佛、皈依法、皈依僧，你最小的孩子，趴在你跟前跟你磨，反而把皈依佛、皈依法忘了，就去應付他了。這種障礙的情況很多，讓你不能好好修行。一定要把握住，一定要堅決修行，不要因為少而不行，要少而精。

我們初信佛的人有什麼毛病呢？太貪心。貪大，貪多；看著〈普門品〉，你就念〈普門品〉了；一看普賢菩薩的十大願王，這也好，也念；《金剛經》也好；我要生極樂世界，又念《彌陀經》。增加得太多了，到最後，什麼都不念了，負擔不了。要一門深入，念經的，我就念一部經；稱聖號的，就一個聖號，免得念了「地藏菩薩」，又念「阿彌陀佛」；念「阿彌陀佛」，又念「地藏菩薩」。正在念當中，一會兒「阿彌陀佛」，念得很浮。你念一個就好了，功德都是一樣的，就是修你的心而已，這是修心的方法。

要這樣子堅定不移的，不要退，要少，要精，不要斷。多了斷了，斷了就沒功德。而且，你修哪一法在你斷的時候，會有魔障的，那不是邪魔，是正魔，是護法來對你不客氣了，不該斷的。你要是再學起來，再懺悔，再繼續念，還可以得到加持，一樣的。

還有一種效果。就是我們諸位道友，我們現在要是幫助別人，勸化別人也信，你自己沒有得到力量，人家不信你，不聽你的話。你說出的話，人家不盡信，也不恭敬你，也不信你的話。你本來是想弘揚佛法、幫助別人，人家不信你，你有什麼辦法？因緣也不成熟啊！不用說我們一般人，如果因緣不成熟，大德也如是。

印光老法師，我想大家都知道。印光老法師在上海講經，聽的人啊，擁擠得不得了，一、兩千人聽。經還沒講完，人都走了。老法師認為弘法因緣不具足，他就到靈巖山去閉關。在閉關當中，誰要問他問題，他就用書信答覆，他用書信來弘法，那些信件積了很多。自此以後，他也沒再講了，如果他再講經，聽法的人就多了。

講法還得有法緣，你說話要人家信仰，你得自己有點功德。什麼功德呢？就是念三寶。如果你能念念三寶了，建立吹不倒的法幢，那個時候，你再救濟他的困苦，你有力量了，人家求你什麼，你一幫助，他得到的效果截然不同。如果你沒力量，你也誠心誠意的幫助他，給他念經迴向；當然他得到的不大，為什麼？因為你力量不夠，你必須得修。

我們每位道友，你想幫助人家，你自己必須做。你做了，才教人家做，聽的人分外信得進去。如果你自己沒做，你老叫人家做，那個人就起懷疑：「靈嗎？靈，為什麼你不做？那一定有不靈，不靈你還告訴我幹什麼。」這裡頭含著很多問題。所以你聞到哪一法，你一定要體會、要做，並不是你做了一定成功，你要是做得不成功，只要在路上走，它也產生力量，這樣子你才能利益自己、利益他人，自他兩利。

若是聞了法，你不去做，沒作用。那種作用只是聞的功德，沒有做的功德。要是修了，你說出來就不同，因為你親身體悟過。如果你說這杯水是熱的，別人不相信，「不然你喝喝。」他一喝是熱的，人家就相信了。為什麼？因為我喝過了，人家一試驗，是靈。如果你沒做，你也不知道，連你自己也摸索這水究竟是熱的、是冷的，你沒喝過，你也揣想大概是冷的；「大概」，一「大概」就不行了。自己雖然不能親自完全證得究竟，你必須有個相似的覺悟，你跟人家解說，告訴人家，人家才相信。

因此，你信了三寶之後，念佛、念法、念僧，勸人家念佛、念法、念僧。之後，你自己也得到利益了，人家也得到利益了，一直能達到究竟成佛。受你度者，一定跟你作為好道友，共同修行。這就是你信了三寶、受持三寶，乃至修行，所得到的效果。

從效果上，再驗證你的初心。有了效果，你想：「這條路，我走對了，我最初的發心，一定是正確的。」之後，你再檢查：「我的心哪裡還有不正確的，是精進心不夠嗎？我不夠精進嗎？我正知正見不夠嗎？我觀心的方法不對嗎？」這個時候你有了智慧，你可以修正，那樣子你就更準確了。這就是信了三寶、皈依了三寶，修行的效果。

只是這樣子還不夠，我們必須得到解脫。解脫了就是無罣無礙。《心經》上大家都念過：「心無罣礙，無罣礙故，無有恐怖，遠離顛倒夢想。」怎麼樣才能心無罣礙呢？你要把你的心清淨一下，心裡清淨，就沒有雜染了。要觀你的心，觀看你這個心是不是清淨？觀看你這個心跟佛教導我們的方法是不是對？跟佛所給我們制定的，要我們去做的，我做了沒做？這樣子來做，你就漸漸進入了修行解脫的道路，你就是修解脫道的一位修行者。

這一點，我得跟大家說清楚。凡是學佛的人，都是求解脫的，不會到這裡找煩惱的。到這裡是學解脫的，本來在俗家的繩索已經很多了，沒法解脫，一信佛，又增加了很多繩索。在俗家沒解脫，信了佛，又增加很多佛教的繩索，這樣子不合乎佛所教導的。

我們現在聽到好多的道友，指責別人衣服沒穿整齊，掌沒合好，磕頭沒磕對，一到寺廟，老師姐或是老師兄對你說：「哎！你竟然沒做對啊，這樣子不如法啊。」這也不如法，那也不如法，要是初信佛的道友進來，丈二和尚摸不著頭腦，他不曉得怎麼才對。這個師兄這樣說，那個師兄那樣說，念佛就念了好多種聲音。這是不是解脫道？你念佛，「南無阿彌陀佛」，老老實實念佛，眼觀鼻、鼻觀心，能夠心口合一就對了，管他什麼聲調。「這個不合乎梵音」，你也不是印度人，要合乎梵音幹什麼？你念的梵音對嗎？早變了，都已經過了一千多年了。佛在世時候的音調，我們這國家，我們這民族，語言都變了，印度會沒變嗎？非得梵音，或是哪一個地方的才是真的，別地方的都是假的，這樣的觀念對嗎？我想你們會有智慧才對。但是也有些有智慧的人，他就要這樣做。今天這個師父這樣說，明天那個師父那樣說，讓初信佛的人無所適從，究竟誰的對啊？

有人問到我說：「師父啊！你們誰說得對？」我說：「你看一看佛說的。你想學什麼，你把那部經拿來，佛說的才對，其餘說的都不對。」我再說：「你問他們，他們要是有一位出家人說：『佛說的不對，我說的對。』你就拜他為師，佛不要了。」無論哪個人，只要是佛弟子，「佛說的不對，我說的才對」，沒人敢這麼說，事實上，他可是這麼做的，把佛所教導的擱到一邊去了。

師心自用，我的心就是我的老師，也就是你們的老師。「你照我的做就好了」，這類人很多。我們學佛的人，是求解脫的，一定要記住這句話，不是來找煩惱的。懂得這個原理，你就照這樣子去。師父教我什麼？解脫就好。

我就怕條條款款的加了很多。佛是制很多戒，你只要是殺、盜、淫、妄、酒，根本戒不犯，我認為就很好了。有些戒條的條文，對你不適合。所以我說比丘、比丘尼戒、八關齋戒，都沒有什麼大出入，因為那幾條戒，大家都可以做得到，東方、西方都一樣的。

剛才有道友問我吃肉的問題，這也是個問題，現在有些人就是爭這問題，沒必要爭。若我不是為了口味，也不是為了享受，也不是為了保持身體健康，這樣吃葷的話，不犯戒。我吃肉，我沒有肉味，不是吃肉的。我吃肉的時候不做眾生想，我也沒有看見啥，也沒有聞見啥，也沒有聽見啥，牠也不是為我殺的，我不負責任。你要知道佛在世的時候是怎麼個事情，佛在世時大家都托鉢乞食，佛不准自己做，你托鉢乞食就是到人家去要飯，你說：「我不吃這個，我不吃那個，你得給我做。」誰給你做啊？你高興你吃，不高興，不吃算了，你走開。是這樣子的。

還有，佛說得很清楚，在《涅槃經》上說：「這是我化現的。」佛的神力化現的，「所有比丘吃的都是我身上化現的，有災的，我都消災了。但是我死了之後，涅槃之後，不行了，不能再吃了。」這是明訓，佛的教導。南傳佛教不信《涅槃經》，那是他的事情。大乘的佛弟子也不信《阿含經》。這都是錯誤的，大小乘都一樣，佛的教導都是共通的。但是我們現在自己做吃的，你要去殺，要吃海鮮、吃什麼；我說於心不忍，你是個佛教徒。這個道理不要人家判斷，你自己可以清楚。

我在西藏過了好多年，不吃葷也可以活，沒問題。有些喇嘛吃葷，我問他們說：「你既然吃葷，就什麼都吃嗎？為什麼這個也不吃，那個也不吃？」雞、鴨、魚，他們都不吃。他說：「那個吃了，我還不起啊！」我說：「還啊？」「怎麼不還啊！你吃了人家肉不還人家啊？那條牛，一條牛好幾百斤啊，不是我一個人吃的，大家吃啊，我還牠幾口就行了，我也不要還牠的命。」他知道因果，他吃的時候他沒有貪欲心，沒有說這口味好。像我們煎、炒、烹、炸，味道不對，還要發脾氣。你在理上明白了，在事上你可以自己處理。

例如說，在溫哥華、在美國，都有這種情況，太太很信佛，先生不信佛。小孩子剛成長的時候，小孩子不知道媽媽做什麼、吃什麼。因為媽媽盡做素的，小孩子老是有意見，或者先生也發脾氣，她怎麼辦？「妳應該給人做著吃，妳不殺就好了，妳在那邊買別人殺的，妳給他們吃，妳沒有吃。妳給他們吃的時候，妳做的時候，妳不是佛弟子嗎？妳念念往生咒，念念六字大明咒，念念地藏菩薩滅定業真言。念給這些吃的東西，跟牠結個緣：『你別再生為畜生了。』妳把牠給度了，妳活的人也不煩惱，死的動物都得到妳超度了，都能結個緣，這不很好嘛。」她說：「絕對不行，我是佛弟子，我不能。」這樣太固執了，這是找束縛，你信佛也信不成，妳先生、小孩子給妳搗蛋，妳怎麼信，彆彆扭扭，對不對！要有智慧。有智慧的人，學法學什麼的，他是解脫的；沒有智慧的，越學越糟糕，越學毛病越多，越學越束縛。

有的人跟你講幾個老和尚，這個和尚是我師父，那個和尚差一點，那個和尚好像沒有我師父道德高的。你的功德還沒修好，罪已經造成了。你在三寶裡面這樣分別，哪個道德高？哪個道德不高？三寶平等的，不是你所能了解的。因為你的福德只能這樣子，你就求菩薩加持你好了，不要起分別心。

我們經常說：「我怎麼沒感應？」因為你對三寶不恭敬，拿著佛經甩甩搭搭，對三寶根本不恭敬，你能得到法加持？能開智慧？不可能！前天我跟大家講了，佛經來得不容易，如果恭恭敬敬，誠則靈。有些弟子就是對著佛像也是這麼甩甩搭搭的，把觀世音菩薩，或是哪個立像，都供到客廳去。來到客廳的人也有燒煙的，也有幹啥的，對著佛像二郎腿一翹，佛可還在那兒站著。就是你的老父親在那兒站著，你坐那兒跟別人閒聊天，叼個煙捲，你感覺過意得去嗎？所以你怎麼辦呢？立像，請到你磕頭的地方；坐像，你要請到佛堂，客廳不要擱。這是我的建議，你們自己參考。不過我認為，你好多福德捨掉了，你怎麼能求感應，佛菩薩怎麼加持你。佛菩薩是平等的，護法神瞋心很重，護法神跟你算帳；不怪罪你，不責備你，不給你降災難，就是好的啦，你還要求加持得吉祥！

你對三寶一定得恭敬，對僧人我不說，對佛、法兩寶，要恭恭敬敬。現在有二寶弟子，在大陸有很多二寶弟子，信佛信法不信僧。這樣一來，你也沒信佛也沒信法，為什麼呢？佛說的三寶，短了一寶，誰來傳法？若是沒有那些老和尚傳下來，法早沒有了。有些老和尚用他的生命來護法，用生命來換取法的存在，你為什麼不尊敬他？這樣子想修解脫道，很難。想修解脫道，只講一個皈依佛、皈依法，你就解脫了嗎？

皈依佛、皈依法、皈依僧，你皈依好了，以真正的淨心、精進的心來觀想，你會產生明淨的智慧，確實能解脫，這就夠了。如果你再加誦大乘經典，不管哪部經，跟哪部經有緣，最初你遇見哪部經，就是引你入佛門最有緣的，一切經典中，你最初聽到哪部經，就是你入佛門的因緣，我初學就是從《華嚴經》入的。有的道友說我現在放棄《華嚴》，我說：「你根本不理解《華嚴》。」《華嚴》的意思包容一切，儘管你任何法，你只要知道「心、佛與眾生，是三無差別」，這就是《華嚴經》的意義。你不管講哪部經，心、佛與眾生，是三無差別，就行了。這就是《華嚴經》第四會夜摩天宮覺林菩薩讚歎佛的最後偈子：「若人欲了知，三世一切佛，應觀法界性，一切唯心造。」「圓盂受法，無法不圓。」若你用圓的器皿，你倒什麼東西，這個東西感覺都是圓的；如果你用方的器皿，你倒什麼都是方的；你把圓的倒到方的裡面去，圓的也變方的了。這個道理很簡單。如果你是圓融的大菩薩心、法界心，什麼道理不是圓的？有什麼小乘、大乘？什麼叫顯？什麼叫密啊？《華嚴經》有很多咒，密宗因《華嚴》，法相宗因《華嚴》，都是有根據的。你看看各個的教，它依據什麼經，你就知道了，那部經說的是什麼義理，不就很顯然了。

要看個人有好大的智慧，你就得到好多的解脱；沒有智慧，你就束縛。誰束縛你啊？你自己束縛你自己，你會自己找些繩索給自己帶上，那是你自己的事兒。佛教導我們的，都是解脱的。

所以戒不是束縛，戒是把那些擾亂你道業的，用戒把它都排除去，你就解脱了，你就成道了。

今天我們就講到這裡吧！我們迴向一下。

「願以此功德　莊嚴佛淨土
上報四重恩　下濟三塗苦
法界有情眾　同生極樂國」

這首迴向偈裡頭有一句「若有見聞者，同生極樂國」，我感覺「見聞者」容易產生誤解，以為沒見到的，有沒聞到的眾生，我們就不要他見、不要他聞了，現在改為「法界有情眾」，反正法界之內一切有情眾生都要生極樂國，這是大家希望的。

第四講　觀心

我上次跟大家講過，我們受了三皈依，應該行持三皈依，皈依佛、皈依法、皈依僧。在行持過程中，我們要對治日常生活當中一些存在的問題。因為這一切問題是由我們自己心裡產生的，一切諸法都由我們自己心裡產生。就是說我們對一切事物的看法，認識上不同，不能夠統一，就有爭議。我們自己的心就不能夠清淨，心不能清淨，我們就得觀察觀察我們的心。

皈依佛之後要修行。我上次告訴大家就是念佛、念法、念僧，但是有些具體的事情上，你得用具體的方法去分析、觀察，才能夠克服所存在的煩惱、所有的過患，這就需要觀。觀是修行的一種方法，要觀心。怎麼樣觀呢？當你有煩惱或者你要發脾氣的時候，或者是你心裡受到外在客觀環境的引導、影響，有的時候是從你自己的內心裡頭生起的煩惱，總共有這兩種情況。

從你內心生起的煩惱，以及外在環境影響你所生起的煩惱，這兩種煩惱略有區別。比如人家罵你或者是侮辱你，就是不合乎道理的，加諸你身上的一些事物，這是外在環境來的。要是你自己的內心，無緣無故，好像自己跟自己過不去。有時候是你不可理解的，或是你憶念過去，想到某一件事情，你心裡生起煩惱來了，或者現前有所求得不到，生起煩惱來了。那麼，這種煩惱是你自己內心生起的。比如你起貪，起瞋恨心，起一種邪見，邪見就是看問題看得不正確，這就是貪、瞋、癡三惡，你要隨起隨對治，對治的時候，就是觀心。

我們前面講了三寶，你要用三寶的功德，用三寶所教導我們的來對待。就舉法寶為例，在法寶所提到的一些問題，你要用那個法義來對待你現行所起的一切。比如說我們貪欲心很重，你要觀想身體，觀想人身的不淨。人的好、壞、美、醜，都是你自己心的分別。我們就是一層皮，包著裡頭的血肉；如果把這層皮換了，沒有什麼好、醜。還有，什麼人最美啊？跟你有情的最美；沒情的，他再美，你看著他不美了。這裡頭有一個前緣、前因。你要這樣的思惟、觀察，你的內心就漸漸的明了。

所謂觀就是「生明」的意思，明就是智慧。因為有了光明，你才能夠認識一切事物。比如說有燈、有太陽、有月亮，有了這三種光明，你才能夠看清這屋裡是什麼。如果我們把燈關閉，就什麼也看不見了，也就是不明了；不明了，你還能分辨出來什麼呢？房屋的事物你都分辨不出來了。所以你必須得漸漸明。

這種明是怎麼產生的呢？要靜。怎麼樣才能靜得下來呢？要觀。這是連貫的。如果你發火、發脾氣，煩惱來了，是很熱鬧的，你要對治它。你要觀想，為什麼會生起煩惱？比如說小孩子不聽你的話，你就會生起煩惱。你要他這麼做，他偏那麼做，你認為他所交的朋友是壞孩子，你要他不去，他就氣得要死，非去不可，那麼你就煩惱，他也煩惱。這就要觀察了，你知道方法不對，應當想辦法，讓你孩子能夠真正聽你的話。你必須想很多方法，不是硬性的，例如你打他，或者你管他；你反而要隨順他，之後輔導他，使他改正。

當我們內心生起煩惱的時候，你要靜下來找出原因。「我為什麼要生煩惱呢？」佛教導我們一切諸法皆是假的，你要好好觀察一下子。在觀察思惟當中，你會產生一種智慧。你產生這個智慧是你性本具足的智慧，這種智慧一旦產生，你會漸漸的清淨一點，這個時候你就能信得佛所說的話，不然佛所說的話你聽不進去，因為你的信心沒有力量，也就斷不了煩惱。

具體說，當我們無緣無故被人家盜去一筆錢，或者是人家偷了我們的車子。你會很煩惱，任何人都會煩惱的。你可以用兩種想法來減輕你的煩惱，你認為：「他偷車，我欠他的。假使他沒有偷我車，我開車也許要出大車禍，也許把命丟了。他偷去了，我就撿回一條命。」如果這樣子想，你還感覺到很划算，你就愉快了，不會生煩惱。如果你不這樣想，認為他偷了，你會很煩惱。

但是，假使你又能夠念佛，或者念菩薩聖號，這個事情就從另一個角度變化了。在紐約我有個弟子，她以前跟我拜懺拜了幾年。她是個姑娘，還沒有好對象，一心想成家；雖然信佛，還想有個佛的伴侶，想找一個也信佛的愛人。一個女人修行不方便，有障礙，如果有了一個如意丈夫，也信佛，兩個共同修，不是很好嘛。她為這個拜懺。拜了幾年，找到一個男道友，而且也是在我那裡拜懺的。一個男道友，一個女道友，兩個拜懺結交朋友了，他們就結婚了。結婚沒好久，他們新買一部大車，價值幾萬塊錢美金，停在門口，第二天早上就不見了，兩人都很煩惱。這時候我已經不在紐約，她跟我打個電話，說車丟了。我就跟她說：「丟了很好，你們倆結了婚，也沒做什麼供養，妳就拿這個供養眾生。誰偷你了？有兩種，一種是妳欠他的，一種是他幫助妳減少你的禍患。妳就這樣想。這樣想，妳漸漸就通了，就不煩惱了。」她說：「佛菩薩要加持我們這次所受的損失啊！」我說：「妳再求菩薩加持，你這邊丟了，那邊會撿到，也許沒有丟。」她說：「可能嗎？」我說：「妳要有信心，有信心就有可能，沒信心不可能。」

他們聽我的話，就拜懺了。事情過了一個月，警察局找到他們，要罰他們的款，就是罰他們這部車子的款。他們很納悶：「我們這部車丟了很久，怎麼罰我們錢？」警察說：「你這部車子是什麼時候丟的？我們給你拖到警察局去了！因為你停的地方不對。」哇！她高興死了，罰一點點錢，一部車子好幾萬塊錢，又回來了。這件事隔了很久，她給我打個電話說，車子又回來了。

我舉這個例子做什麼呢？你想這個事兒絕對不可能，可是它就是有可能，這叫不可思議。你認為：「我這樣修能成嗎？」你問我，我也說不見得能成；但是你真修了，有時候就能成。

我們想要解脫，我們想要乾淨。你想要乾淨，你也不洗澡，也不洗臉，那怎麼會乾淨得了；你要隨時洗，隨時打整，才清潔得了。我們心裡的煩惱、心裡的垢染，你想頓斷，一下就清淨，像六祖大師一聞就開了大徹大悟，這要善根深厚。剛才我們有些道友就在研究開悟的契機，這要漸漸來，有漸悟，有頓悟。神秀大師的方法是「身是菩提樹，心是明鏡台，時時勤拂拭，勿使惹塵埃。」這是漸修，這個方法不是錯誤的。

佛的方法有兩種，一種是漸修，一種是頓悟。頓悟，得從漸修來的。神秀大師是北方人，後來做國師，南能北秀，神秀大師是漸修的，就是我剛才所說的那個方法。南方就是惠能大師，像惠能大師那樣頓悟能有幾人呢？還是漸修的多。如果你根基深厚，你可以頓悟。有些人，無明來了或者是業障來了，他馬上就識破：「一切諸法如夢幻泡影！」他當時就放得下，不要經過很多過程。有些道友就不行了，一個煩惱來了，好多天都克服不了。

還有，我們憶念煩惱。我這樣說，大家可能不相信，誰會憶念煩惱啊？你當然不會憶念煩惱，但是你想過去的事就是憶念煩惱。明明過去的事，他放不下，有時候又把它拉到現在，想起來：「哎呀！那件事我就是做錯了，我該那麼做、那麼做。」已經過去了，過去不存在了，你想起來就是煩惱。如果想起過去我得意的時候，很歡喜，歡喜本身也是煩惱。我們認為歡喜，但在佛教講，歡喜也是煩惱，叫留戀過去。你看不破、放不下，怎麼自在呢？這都是沒有智慧的表現。沒有智慧，你永遠不會自在的，永遠被煩惱所纏縛，你怎麼能得到解脫呢？

皈依三寶了，就像醫生來診脈，來檢查你的身體，用X光照，看你的毛病出在什麼地方。或者用外科切除手術，或是吃藥消除，你才能好。我們的一切煩惱、障礙，也應當照著佛所教導的方法來對治，煩惱漸漸的就消失了。佛所說的法，有些是方法，有些是藥味，你服了之後，業障就能逐漸消失。例如我們稱一聲佛號，或者磕一個頭，當你稱佛號的時候，消除你的口業；當你身體禮拜的時候，消除你的身業；當你觀想佛的時候，消你的意業。這叫消身口意三業，增長戒、定、慧，三業逐漸消除，智慧慢慢增長，你就解脫了。

反過來，如果你特別懶，不大動腦筋，就是不修觀，這叫不精進了、懈息了。不修觀，你智慧生不起來；生不起智慧，你對治不了煩惱；對治不了，你認識不夠，內心便永遠不清淨。我們的心要是清淨了，一切煩惱也就清淨，大家必須多多觀察這個道理。《心經》上告訴我們，你要這樣觀察之後，就生起了般若智慧；有了般若智慧，再依般若智慧來修，再來看一切事物，事物本質就變了。

所以古人說：「觀山不是山，觀水不是水。」你最初看山是山、水是水，這是凡夫的見解。等你悟得了之後，觀山不是山，觀水不是水了。等到再進修，觀山還是山，觀水還是水，你就究竟成佛，還一切事物本來面目。你雖然知道是山，但是你看到山的體，不是看山的相；所以看見一個人，你看見人的性，不看人的相，你就不分他男相、女相、好的、壞的；你以是非的觀點，知道是非，哪個對，哪個不對，但是你不起是非的觀念，這是絕對不同的。例如我們都知道念佛、念法、念僧是對的，碰見一個不念佛、不念法、不念僧的，乃至謗佛、謗法、謗僧的，你認為是不對。

我舉個例子，廣東的韶關有座丹霞山，以前住了一位丹霞祖師。他為了度化一個人，到一個地方去，那時天氣很冷。他是南方人，到了北方去，天氣很冷，他就把廟裡的木頭佛像，拿來劈了燒了。這是「丹霞劈佛」。大家認為這是對嗎？當然這是錯誤的，絕對不對的，但是丹霞祖師他這樣做是對的。在他劈佛像燒火的時候，廟裡的和尚說：「你怎麼把佛像燒了？」丹霞祖師說：「我沒有燒佛像！」「你剛才劈了燒了，你還不承認！」丹霞祖師說：「我不是燒佛像，我是在這裡找舍利！」他說：「木頭裡頭怎麼有舍利？」「木頭裡頭沒舍利，我再燒一個。」丹霞祖師要度他，因為他太執著了。

丹霞祖師是對機的，要是遇見我們，丹霞祖師不會領我們去燒佛像，他會領我們磕頭拜佛。但是面對那一個人，要領他拜佛，用不著你領他，他自己會拜，因為他拜得特別執著。直到因緣成熟，丹霞祖師這麼一燒，他那麼一說，就開悟了。

所以一切法，就看你怎麼用。如果你要用，得會觀，我們就是依著佛所教導的，從淺入深，從心裡頭一件一件的觀想，慢慢的來。當你煩惱的時候，你就容易解除；等你解除了，到究竟了，你越修越深入，你會頓然悟道。要不然，不是那個機，你給他說那個法，他得不到的。你知道這種道理，就知道皈依佛、皈依法、皈依僧的真諦。

一說到皈依自性佛、自性法、自性僧，這就深了。要是皈依現相的住世三寶，不管銅塑的、木雕泥塑的，這是很淺的。但是如果沒有淺的，達不到深的。你必須漸漸的降伏你的污染，漸漸的清除，漸漸的觀察，這樣你才能生起清淨的信心。

我們現在說一說南傳佛教跟北傳佛教。南傳也叫解脫道，北傳也叫解脫道。南傳佛教就是我剛才所說的，按事上說，如實參你的身、口、意三業，磕頭、禮拜、稱頌功德，這樣參，你必須得生起信心。這個信心也要決定心，信佛決定能夠消除我的業障，信佛絕對能夠加持我，能夠消除業障、免除災難，能夠生起絕對的信心。至於大乘的信三寶，那是究竟心，是我自己的佛寶、自己的法寶、自己的僧寶，因為外界的三寶引發我自心，心外無一法。南傳、北傳兩個是一樣的，就是你的用心不同，分別大和小，這是你心裡的分別。如果你信仰三寶，你就知道，這就是我自心的顯現，「萬法唯心造」，還分什麼南傳、北傳。

南傳佛教是因那時候的眾生心，沒有那麼大器量，所以佛說《阿含經》。

佛最初想把他所證得的馬上就都給眾生，所以說《華嚴經》，但眾生沒法接受，所以從頭說起。等說到最後，還歸最初所說的，給大家都授記，給大家都說一，說你們人人本來都是佛，授記的也就是這個涵義了。這個意思跟《華嚴經》有什麼區別？沒什麼區別，「心、佛與眾生，是三無差別。」但是中間的過程，就有所區別。所區別的是什麼呢？用的方法有區別了。

如果我們去除貪、瞋、癡，我們不能夠頓，就要一樣一樣來。所以念佛號也好，乃至禮拜也好，修觀也好。就像《阿含經》上所說：「我的貪欲很重啊！」釋迦牟佛說：「你修不淨觀吧！你觀身不淨，觀受是苦。就這麼去思惟吧。」為什麼比丘住在屍林，觀看死屍一具一具丟到那裡，沒好久變成腐爛了，多美麗的人都變成腐爛了。或者，你看一切事物都可以用心，你可以在這裡體會到，這也就是佛經，沒有一切法不是啓發你體悟的。

大家可能都看過小仲馬寫的小說《茶花女》，弘一法師在日本還演過茶花女，那是演話劇的開始。《茶花女》那本書，是說這位妓女有一個情人，愛她像自己生命似的，後來因為某種原因，他從法國到亞洲來旅遊。之後，他回法國想盡一切辦法要看看她；茶花女已經死了，他還要看看她。他怎麼看呢？就只有一幕，跟他家裡的親人說好了，跑到墳墓看。等他一打開墳墓，已不是他那時候看的美女，是具骷髏，一打開，他就醒悟了。

在佛教，以前的出家人是住在森林裡面來對治貪欲心，修不淨觀。我們一天到晚把身體清洗，乃至於化粧、美容，越打扮越醜，你相信嗎？越打扮跟本質越有距離。看見畫皮沒有？畫皮戴上了，好像美女；要是把畫皮一揭，是具骷髏。類似的問題，是讓你漸修、漸觀，漸觀久了，可以克服你的貪欲心。

若是發脾氣，瞋恨心很重，你要修慈悲，對一切都慈悲，但不是那麼容易。你如果是一位見什麼都煩惱、見什麼都瞋恨的人，要修慈悲，那不是一天、兩天就可以達到的。修道的難就難在你想用一個什麼功夫，想一下子得到，這是不可能的。現在的末法眾生，愛撿便宜，聽說哪一法好，要立地成佛，你就去了；你不但成不了佛，或許還入了魔了。有很多這樣入魔的人，為什麼呢？方法不對，或者那個方法不適合你。「師父說的」，師父說的，不是對你說的，你拿來用不行。像蝎子、蜈蚣，這些東西是毒，吃了會死的；但是在治某種毒瘡的時候，有些醫生給那人吃了，瘡就好了，要是你吃了就死了。不是對你說的，那個藥不是給你做的，你拿來用怎麼行呢？你要是學了佛法，懂了這個道理，你就不會起紛爭。你要知道，不論大小乘都要清淨你的心。

如果你沒有別的方法，念佛、念法、念僧，也能夠清淨。如果你想用別的方法對治來修行，你就觀想。如果是多貪眾生，就修不淨觀；瞋恨重的眾生，就修慈悲觀。如果貪、瞋、癡、慢、疑能清淨，你也就了生死。第一個不淨觀，你要是觀成了，你就斷了生死，不墮入三惡道；那是真正的不墮三惡道，不假別人加持，而是你自己的自淨其意就能證得。你自己可以體會到還有沒有貪心？如果有，你沒成，你生死斷不了；如果沒有了，你已經斷了。這是生死根本，修解脫道就要這樣修。

如果我以前跟大家說的方法，你都用不來，你就念「皈依佛、皈依法、皈依僧」、「皈依佛、皈依法、皈依僧」，念久了，等你心裡產生一種明瞭，有了智慧就能修觀。第一個就修不淨觀，不淨觀就斷貪欲。之後你就分析，你愛些什麼。情愛還有可說，有些迷愛古玩的人，愛上了古玩，拿一個陶磁片：「這一個古玩可久了，三皇時代的。」或者說是好久好久，把古玩當成生命，反而不注意自己的生命。這就是愛，就是貪，就是愚癡、貪愛。如果誰把古玩打破了，就是斷了他的生命。修道人就怕有所愛，你有所貪，走不了，你永遠在這個三界輪轉，走不了；若貪愛斷了，就離開了。很多古德，在貪愛上試驗的情況非常之多。

我們修解脱道的時候，要經常這樣觀，一個一個去觀。如果你不能觀，你就念「皈依佛、皈依法、皈依僧」；念念的修了智慧了，你就修觀；修了觀，一個一個對治煩惱，漸漸就消失了。你不會起貪愛心，不論多好，你不會起貪愛心，就是不動心；不動心，心裡就得定；得定之後，又產生智慧。因為我們的智慧不是很大的，所謂的一點點智慧，就從你念佛、念法、念僧之後，你才有這麼一點點智慧，這個智慧不是很深的；你要使這個智慧再增長，越增長越大。

在《華嚴經》〈淨行品〉中，文殊菩薩所説的「善用其心」，這個就是觀，大家知道是怎麼觀了。但是我們對治什麼呢？現在我們最重要的就是財跟色。古來大德經常説整個世界只有兩種人，一種貪財的，一種好色的，就是財、色。如果我財、色觀過了，修學佛法的人才入門，才進入悟道。很多學法學了很久，信佛也信了很多年，始終不知道怎麼樣修道、怎麼樣入道，因為他那貪愛心、財色始終斷不了，道始終入不進去。

佛曾經告訴他兒子羅睺羅說：「你應當精勤觀想。觀想什麼呢？身、口、意，就觀想這三業，千萬不要放逸。若你見色，不要起貪心，口裡頭不說這種貪愛的話，意裡頭不起這種念頭。」這個很難。我們說人到老了可以不想了，不對！老了更想，如果老了不想了，那是錯誤的。問問那些老年人，還愛不愛財？還好不好色？他身體是做不成了，內心的意念可越加重了。這是禍根，你這樣怎能入道呢？所以佛告訴羅睺羅：「你一定要勤觀身、口、意三業，不放逸，這就是你主要的修行道路。」

所以說，皈依佛、皈依法、皈依僧，就是時時意念這樣想，口裡這樣念，身體這樣做，就是三業清淨。因為你時時念三寶，你就想到佛、想到法、想到僧，你就不敢去做壞事，心裡不敢起壞念；等你一起念頭，馬上就能止住，信心就有根了。第一念起，第二念又止住了，也就是身、口、意不會發生，在意念上就斷了，這就叫修道。佛給羅睺羅說：「假使你把持住了身、口、意，這就是修行的要道，以這個修道就可以了。」離了三業，還修什麼呢？

我們想一想，我們不是起心動念發之於身口七支，你又怎麼會造業呢？不論善業、惡業，造善業也好、惡業也好，都是由你的意念而發動，支配你的身口而去做；如果是這樣，勤觀三業。

但是在三業當中，主要對治的是什麼呢？財和色。一切世間上的災難、禍害，無非是發生於財、色，離開這兩種就沒有了。為什麼他要貪財？為什麼他要好色？愚癡，沒得智慧。所以，要對治愚癡。愚癡是什麼呢？邪見。就是他的想法，有點不正確，就是邪道見。要能夠對治邪見，對治愚癡了，這些念頭不會生起。所以菩薩在修道的時候，他要制止身、口、意三業，讓他逐漸的發生智慧，越發生智慧，越能消除障礙；越能消除障礙，智慧越增長，這兩者相生相長。你要是使這個身、口、意的善業增長，惡業就消失；如果制止不了，惡業增長，善業就消失了。

惡念跟善念，表面上說是兩個，實際上就是你心裡起念的一個念頭，一念。眾生跟佛平等平等，如果你有貪、瞋、癡，就是眾生；沒了貪、瞋、癡，就是諸佛，眾生跟佛沒有差別的，就在一念心當中。

你最初開始修道的時候，怎麼修？怎麼能入？要觀。如果你觀不成的時候，可以對照著觀。怎麼對照呢？你一觀到佛的功德，觀佛所作所為，我應當學佛，我應當怎麼樣做。佛怎麼樣成就的？佛說法四十九年，就是告訴你要怎麼樣做，這就叫法。法就是方法，就是方便善巧。若是對你說的，你依照佛對你說的，你這樣做就好了。你沒遇見佛，你把佛所說的法，按照對你合適的法去修。

有的法，你修觀修不起來，內心太散亂，一坐下就睡著了，觀不起來。你怎麼辦呢？你就念「皈依佛、皈依法、皈依僧」來對治，等念完了還是得修觀。因為念只是口聲，你的意還沒能夠跟佛、法、僧結合在一起，僧就是你自己的清淨，法就是你的觀想思惟，佛就是你原來的本性，這是大乘。如果你現在做不到，找尊佛像觀想釋迦牟尼佛；之後，看釋迦牟尼佛所說的經；之後，想那些清淨的僧人。清淨的僧人，雖然是沒有完全修成道，他能脫塵了，離開世俗，就比我們在家的清淨得多，我想大家都會承認的。這樣你就可以初入佛道之門。

你如果這樣的逐漸增長，逐漸的訓練你自己，磨練你的心，你的智慧漸漸明了，業障漸漸消了，道也就漸漸證了，這個時候你就發出一種神通。明瞭就是通的意思，光明是沒障礙的。像日光、月光、燈光，你如果隔起來，還是有障礙的。我說的光明是佛光、是智慧光，這種智慧光什麼也障礙不住。就是你自己的心光，心光是什麼呢？是慧明。這個智慧的光明是遮擋不了的，只有你自己的邪見無明遮住了，你自己的煩惱把光明遮住了。如果你煩惱輕，智慧增長了，那個光明就越來越顯現，這樣子你逐漸的就能入道了。入道了再修，就深入得多了。其中，各部經所說的非常多，但是就看你是什麼因緣，你聽哪部經就隨哪部經入道，但是你最初下手的時候一定得這樣做。

剛才有位道友問我說，佛經的名相很多。佛經的名相，你不要去執著。貪，就是貪財、貪色。不貪財、不貪色，就是我沒什麼渴愛的。你先磨練你的心，不要講名詞。你要想真正的清楚，就看〈教乘法數〉，你可以去查，也可以看看〈百法明門論〉，法就有一百種，我說的只幾種而已，你可以從〈百法明門論〉去學名相。

凡是這些名詞，底下一定有個涵義。說貪，貪什麼？它的涵義就是貪財、貪色。貪財，也不過是一句話，怎麼樣貪法？貪到什麼程度？像我們士、農、工、商一切百業，我們開畫廊、開畫展，經營費用，這算不算貪呢？如果你在工作，給人打工，一個月你出了勞力，收了他給你的待遇，這算不算貪呢？如果沒這些費用，你又怎麼能生活呢？這是正當的。

怎麼樣子算貪呢？你掙了五十塊錢，一心想掙一百塊錢，乃至向老板討巧，或是出些個點子，或是打些個主意，意外的想得到，這就叫貪了。或者買彩票、買獎券，或買樂透獎，一下子發幾千萬，那不曉得多少年。買的人多，得的人只一個。出彩券的永遠賺錢，這就說明了得不到的人太多了，不然大家都得了，他賺什麼？還拿什麼來給你？這就是貪，非分之想、分外之想，都叫貪。若衣食已經滿足，還沒完沒了的去做，這就叫貪了。如果我們自己吃不飽、穿不暖，我想去掙幾個錢，你再說我貪，我就不要活著了。

但是，還有一種說法，還有一個理解力。你雖然這麼窮，貪心很大；他雖然財富很大，他有捨心，他沒有慳貪之心。那就是說，看你肯不肯布施，你吝嗇不吝嗇。

為什麼說我們被財、色綑住了呢？我跟人家提一個故事，大家再參一參是不是這樣子。這個故事也算是真事，我們東北，有一位在佛經上說是大富長者的人，他土地很多，財富很大。他一天到晚就發愁，總愁不讓他的財富損失，怎麼還能增長，所以他考慮很多；因為他家大業大物大，不能不考慮。可是他跟前的一個放牛羊的孩子，早上出來，把牛羊摇出去，晚上摇回來，出來、進去一天都是唱歌，歡歡樂樂的。於是這位老板娘，就跟老東家說：「你連那個放牛的娃娃都不如，你看人家一天唱來唱去的，你看你一天到晚愁眉苦臉。」老東家說：「你看他很高興啊？我明天就讓他不高興。」老婆婆不信。他說：「我跟你打個賭，看我明天就讓他不高興。」

晚上這位老東家就拿著一錠銀元寶，擱在他餵牛的槽裡面。這個小牧牛童晚上餵草，就看見一個元寶，哇！高興昏了，他也沒考慮這元寶怎麼來的，拿著這元寶，很喜歡。打主意了，就想製一套衣服，又想去投資，或者自己買點什麼小東西再生產。他也不唱了，出去也不唱了，回來也不唱了，不曉得這錠銀子該做什麼好，整天就在那裡愁。

這位老東家的老婆婆一看，這孩子真的這樣了。她就問那位老東家：「你怎麼害得他這樣了？你看他愁眉苦臉的一天，簡直也不唱了。」他說：「很簡單，我今天晚上，我跟他一說，明天他照樣唱起來。」老婆婆還是不信。

晚上他就到那牧童房裡去了，他說：「我那天擱在槽裡一錠銀子，你看見沒有？」那小孩子很老實，說：「看見了。」「那是我放在那兒的，我看你有沒有貪心，是不是好孩子。」「你害得我都睡不著覺，拿去吧！」第二天他果真又唱起來了。

之後，這位老東家就跟他老婆婆說：「我這麼大財富，我能睡得著嗎？一錠銀子就讓他折騰成那樣子，他要是像我這樣子，他不是愁死了！」

我講這個故事，大家可以參悟一下，我們是不是這樣？我們也許不同，總是想積累一點，怕丟掉了。經營商業也是這樣子，做學問也是這樣子，你若不進，一定要退，你想保守，恐怕守不住。這叫貪，貪得無厭，在我們佛教說是看不破、放不下。

每一個人都有這麼個過程，都如是打算，你還怎麼修道啊？你怎麼入道啊？什麼都考慮，就不考慮我什麼時候死。一提起死，就恐怖、害怕，不想死。但是你想也好，不想也好，死是必然的、決定的，也是你抗拒不了的。我們信也好，不信也好，反正你參一參是不是這麼回事。如果有人不死，或者都不死，我看這個地球老早住不下了。必定得死，每一個人都知道必定得死，但是每一個人的心，永遠不死，這個貪得的心永遠不死。我們想到這點，你放下一分，你就自在一分，你放下十分就自在十分；你一分也放不下，你一分也解脫不了。這就是貪。

發脾氣跟貪是兩回事，好像相彷，但不是一個。有時候，人的瞋恨心來了，什麼都不顧了，他的財富都不要，連妻子兒女也不要，就是要把氣洩出去。但是這個氣沒等洩出去，命都丟了，每一個人就是這樣。對一個修道人而言，瞋心更厲害，「一念瞋心起，百萬障門開。」當你的瞋心發動的時候，什麼智慧聰明都沒有了，很現實。你自己看不見，你在發脾氣的時候，你的面貌，你的音容形態全變了，你自己不感覺到。

我在紐約有一個皈依的弟子，他們倆夫婦都皈依我。但是他倆看不破，一點小事就吵，吵起來就沒完沒了。有個女兒十七、八歲了，一家就三口人。為什麼吵呢？要是一問，一點事兒都沒有。或者先生把碗擱在這兒了，太太說：「我正要用這個地方，你把它擱在這兒來擋我！」拿開就是了，她不，她要跟先生吵。我們每個人吵架，必然的規律，就是把以前成股的爛帳都拿來了，越吵越沒完。你們大家吵過架的夫婦道友們，想想是不是這麼回事？還牽扯好多，永遠扯不清了，怎麼扯得清，又不就事論事，類似這事兒談來很多。

她女兒也感覺很苦惱，就來找我。我說：「他們正在吵的時候，妳勸也勸不了。妳拿妳家的照相機，把妳爸爸媽媽吵架的樣子照下來，你去洗，洗完了就給他們自己看。」她照下來，就擱在那兒，她媽咪一看嚇壞了，說：「這是誰啊！」她女兒說：「不是妳嗎？妳那天跟爸爸吵架，我照的。」她看了半天，不開腔了。之後，她先生也看了相片。之後，她天天來拜懺。我說：「妳拜懺的功德一點都沒有。為什麼一天到晚起瞋心？」她說：「他不講理啊！」我說：「他不講理就是妳不講理啊！他不講理，妳講理，就沒吵的。若他不講理，妳更不講理，你們兩個就吵。其中有一人講理，還會吵嗎？」我說：「妳好好看看妳那個相片。」這個方法還是好的，兩人以後想要吵架，看看自己相片。漸漸的，瞋恨心就消失了。

我們做很多事的時候，往往充瞞瞋恨心，沒辦法。修道者就沒有瞋恨心了？恰恰不然。我在大廟裡頭住過，我們參禪的道友們，脾氣非常大，平常是壓著的，要是一點著，無明火三丈。他在修的時候就觀，越坐火越盛。話頭，他看得很好，機鋒轉語也答得很多，就是脾氣很大，放不下，一觸到就火冒三丈，這能算得道嗎？這不能算得道，所以瞋心很難降伏。

應當怎麼樣來修持？如果這個人心地慈悲，不論他長得多醜，相貌怎麼不好看，誰見到他誰喜歡。我跟大家舉個例子，廣欽老和尚你們都見到了吧？他的樣子多難看啊，但是誰見到他都磕頭啊，都很高興。

還有，今天李居士拿著弘一法師的相片給我看，弘一大師五十多歲就老得很，為什麼誰見到他都喜歡？他已經修得內心有德了，他感人，一看那相，你就受感動，他永遠也不發脾氣，永遠是那樣子。只是，你惹著他了，他本來是該生很大氣，他不生氣，他只是不說話。弘一法師還有一個特點，他要是哪件事不高興了，他第一個不吃飯，第二個不說話。你給他端來飯，早上端來如是這樣子，中午端來又這樣子。

在青島的時候，不知道弘一老法師跟誰生氣，也不曉得是誰得罪他，他也不說話。我跟傳貫法師就緊張了。我們想，別人沒接近他，或者是我們倆得罪他了，或是惹他煩惱了，我們就給他求懺悔。他就擺頭：「跟你們毫不相干。」跟我們毫不相干，那是他自己的內心了，他是對治他內心的煩惱，他用這個方法降伏。他就是這樣修的，他絕不說一句話傷害別人。他自己煩惱了，他自己壓迫，他就懺悔，不吃飯，不跟你說話，跟誰都不說話。

每個大德都不同。我親近的這幾位大德，各人有各人的特點。虛雲老和尚就不同，學禪宗的就不同。老和尚的脾氣很大，但是有個特點，我們這些小和尚在他跟前，你再怎麼樣，他都是非常慈悲的；如果你是常住的執事，或者是負的責任越多，他對你責備越重，這就不可思議。每個大德你可以從他日常生活中受到教育，他是以身作則的。

像我們學法的人，要是一有瞋念，你不要發作，也不要掛在你臉上，把煩惱布施給別人。你要收到你心裡頭來，給人家歡喜；再大的苦痛，你自己忍受，給別人是歡樂。一回、兩回、三回、五回，你自己的煩惱就漸漸清了，你所給人家的都是愉快，別人所給你的都是愉快，這就加速消除你的業障。這就叫修行，修行就在你日常生活當中，不要另外找。你要是盡想你的煩惱事，過去的也好，籌畫未來的也好，你永遠通不了，通不了就是障礙，障礙就是解脫不了。如果你經常這樣做，修道的時候，你就通達了，通達了你逐漸就解脫，這就叫解脫道。這在你日常生活當中方法很多，看你遇到什麼境界；遇到什麼境界，你就對治什麼境界。

貪、瞋之外，還有邪見。對治邪見非常之難，如果你不是從學習來的，就念一句「阿彌陀佛」，你的邪見除不了。況且，你用邪見心來念「阿彌陀佛」，你念的「阿彌陀佛」也邪了。邪人修法，無法不邪；圓人修法，無法不圓；要是用發脾氣來修法，無法不發脾氣，在那個上頭他都跟人家發火。

我們有個道友，他看看佛經，把桌子一拍：「怎麼能這樣說呢！」別人說：「你跟誰說呢？」他笑了笑：「我是看這句話說得不對。」「不對就不對，你別這樣子。」因為你的內心生起煩惱，那是文字，什麼都沒有，是你自己在煩惱，不是文字在煩惱。

類似的事非常多。我們每個人，具體存在不同，我不能說得太多。你自己發生什麼問題，你就在佛經找方法對治。你要是撿現成的方法，你拿來，不適用，為什麼呢？你不見得跟經上所說的一樣。佛所說的，就我剛才說的，每個人好財好色，可是你就不是這樣子，你生性就很愚鈍。我有個親戚，他就不知道財色。女朋友要找他，跟他交朋友。他就跟她發脾氣：「妳纏著我做什麼！妳沒事兒做了？妳做妳的，我做我的。」到了二十四歲還不懂得男女關係。現在他出家了。他就沒有色的問題，從來不生煩惱。當然，他也去找朋友，也沒有這個事兒，他從來沒想過結婚。

他另外有個煩惱，好練武術，他看見哪個人武術比他高了，他煩惱了，非要練得超過他不可。我說：「你這點本事，你練好久也超不過。你看看武俠小說，那練武術的，功夫到什麼程度。」他是在北京學大鵬拳的。我就拿他做例子，他的煩惱跟任何人都不同。別人不會像他這樣愚蠢，掙的工資拿回來，或給他姐姐，或給他妹妹，都給人家分了；他自己也不用錢，也不花錢，掙的錢都給別人。你要是說財色是生死根本，他就應該斷生死了？完全不是這樣子的。他有邪見，這邪見很不好糾正，他認為他是對的，誰跟他說什麼，絕不聽。

後來，我就這麼勸導他、引誘他，念《金剛經》。他一念《金剛經》，就入了。他一直念《金剛經》，念的念的，一天念幾遍。打坐，有時候一夜坐坐都不睡覺。因為他生性愚鈍，有點呆滯，小的時候幾乎智障，但是他兩件事不智障，一個是練武術，一個是讀佛經，他不智障，居然還有很多人請他講經。他講《金剛經》，我聽了笑死了。他媽媽跟我說：「社會上居然有這麼多人，把這個傻小子當成一個智者，跟他去學。」我說：「妳認為他在幹什麼？」跟他學的人還不是一般人，而是他住家附近的讀書人，北京師範大學的老師、學生，他就跟他們講佛經，也有跟他學武術的，也有跟他學佛經的。

你說這個怪不怪？世間上就有這麼多怪事，也就是各人的存在不同，煩惱也就不同。怎麼辦呢？你就熏習，〈大乘起信論〉講「熏習修」。你感覺你哪一樣煩惱重，你就慢慢熏習，把你熏變了。如果你一天在香鋪裡頭，你出來滿身是香的。如果你在魚市，你出來都是臭的。你要是坐車，在賣魚的碼頭走一趟，你那輛汽車聞起來都是魚腥味道，馬上就得洗車。特別是在美國，只要在魚市過夜，你感覺身上都好像有股味道。這就是熏，如果你成天在那裡頭，你會不臭嗎？

如果大家整天在自己的小佛堂，共同的學佛、學習佛經，或共同的拜拜佛，這就是熏習。雖然你沒有根深蒂固，這一熏習，就把你過去本具有的熏出來了，你就自己發生智慧。

我是得到熏習的好處。我在家當小孩的時候，沒讀什麼書。等到了福建鼓山，讀《華嚴經》，可是我有好多字還不認識，怎麼讀《華嚴經》呢？就是那麼熏熏熏，還有懺悔。懺悔的方法是最好的，懺悔能把你業障消失，你自然就會有智慧。生出智慧來，一切都無罣無礙；有了智慧就是光明現前，什麼都會通達的。這就要靠修，這是修得的。有時候是學得的，學得的不紮實，學完了又丟了、又忘了。如果真正自己熏得的，你忘不了，永遠都存在著。

我是自己證明的，我住了幾十年監獄，住監獄這一段時間正是三十六歲到了六十八歲，這幾十年也應該把以前所學的全忘了，而且從來再沒聽到那以前所學的，眼睛看不到以前所學的，身體當然也行不到以前所學的，全斷了。經過幾十年，又恢復了。這是因為我不是學來的，我能夠把以前所有的顯現出來而已，所以丟不掉。

大家現在所受的皈依，所受的三寶，你去不掉，這是種子。當你受三皈依的時候，給你受的老師就說了，你的身體現在雖然在俗，但是你的心已經是菩薩了。為什麼這樣說呢？種子不掉。這是一個善種子，你再加以熏習，善根種子就發生了，這樣就可以入道。

再也不要問：「我怎麼樣修行？我信佛好久了，還不知道修行啊！」這是不對的。你只要皈依三寶，能念三寶，都是修行；能這樣的思想，這樣的用心，不貪財，不戀色，這就叫修行。常時觀身體是無常的，是不乾淨的，是幻化的，是要死的。你這樣觀，你的煩惱就清了，這就叫修行。以後，逐漸的你再不墮三惡道。惡業既然消失，善業自然就增長，這兩個是相對的；那邊消失了，這邊自然就增長了。你這樣來修行，我想大家都會吧。

當你一想到：「我多掙幾個錢。」回想再問一下：「我掙錢做什麼？如為了生活，我應得的夠了，生活也就夠了。」那個時候在印度，我們的和尚，不准家裡擱一點吃的東西，穿的東西不能多，到吃飯的時候出去化緣，化到了你就吃，化不到你就餓。這就是斷你的貪心，這個制度就是這樣子。到我們中國來了之後，自己的廚房做飯，買很多菜囤在那兒，米也買很多。到我們中國來，佛法就已經變了。對修道者而言，那就是使你煩惱增長，消失的時候很少。

現在大家所看到的、所聽到的，能夠有多少人不貪財、不為色的？你打開報紙看，所有的災害、死亡，為什麼會發生？你可以很明白醒悟了，離開財色還有什麼？說他沒有貪財，只是販毒。販毒做什麼？搶劫做什麼？不都是為財嗎？為什麼強暴？一個國中的小孩，就做很多這些事情。現在的罪業越來越重，這就是貪、瞋的種子，要是這樣的來熏染，這個社會跟人類真是悲哀啊。現在你聽見的，你所看見的，都是什麼？他往哪兒去？如果你很清楚了，學佛的一看，你就知道，他們現在走的什麼道路啊！將來他的結果是什麼，很清楚。

所以我們才希望能夠有一個明白的方法，讓大家離開貪、瞋、癡、慢、疑。雖然是名詞，其實就是貪心、瞋恨心，愚癡邪見，還有慢。

慢也很難除，明明不及人家，還感覺得比人家強。我們就拿錢來說，人家生意做得很好，你沒有錢，你沒看見人家辛辛苦苦怎麼經營才有這個財富，你就感覺著：「我比他強，我雖然沒有錢，道德品質比他強。」其實你的道德品質本身就具足障礙，這個本身已經就不強了，你還感覺什麼強？這就是慢。本來不如人，還感覺比別人強。或者是他本身是一個做學問的、會畫畫的，他看那個不會畫畫的人，他認為那些人都愚蠢；或者他自己讀了很多書，他認為那沒讀書的人是愚癡的。這都叫慢，慢本身就是罪過，在佛經上講就是罪過，叫驕慢。凡是驕慢的人，他不會再增長智慧，他認為滿足了。但是別人的長處，他從來沒看見過。

我在美國，他們說哪個人種低賤，在那裡評論，之後他們說：「老師父！你怎麼看法？」我說：「現在說這些話的人最低賤。」他說：「你敢這樣說！不是污辱我們嗎？」我說：「哪個低賤？你說人家低賤，你本身就是低賤的。你腦子裡盡是尊貴的，你看見人家都是尊貴的。你看見的是現相，人人都有佛性。哪天要是遇到因緣，一聞到道，他會超過你的，走在你前頭，你的慢把你障住了。」

我們不要驕傲，不要自滿。我們看見別人，在某一方面是不如我們，人家比我們好處多得多。例如，他心地很純善，不會拐彎抹角。你知識越豐富，造的業越重，看你往那邊用。有些人的知識用得不恰當，用到拐彎抹角、萬般設計，怎麼抬高我自己，怎麼把別人都壓下去，這都叫慢。在佛教的術語說，就是「狠害」。

還有懷疑，對什麼都懷疑。有些人懷疑得簡直不盡情理。如果他想追求真理，所以想問、懷疑。在禪宗，懷疑跟疑情不同了，大疑大悟，小疑小悟，不疑不悟，懷疑不是這樣。禪宗的疑，是起疑情，他想追求他的本性。好比說，當我沒有到這個世界來，我在什麼地方呢？生下我來，哪個是我呢？就問了，找個我所存在，找個真我，這叫參。念「南無阿彌陀佛」，之後就問了：「念佛的是誰？誰在念啊？口在念嗎？是我心在念嗎？我現在這個心是什麼心？」這個一定要參，這不叫疑，這叫參。

我們的懷疑是懷疑佛有沒有？法有沒有？僧有沒有？聖僧有沒有？真有成道的嗎？他對什麼事兒都懷疑，所以就不學了。乃至學的時候，他學什麼都帶著問號，這是學不盡的。他本身都沒想入，他又怎麼入得進去呢？

例如說，念佛能生極樂世界，很多老修行是在家老居士，念了幾十年佛了，他自己還懷疑：「我死了能生到極樂世界去嗎？」你怎麼能生？你根本就生不了。我從來沒有懷疑，我念佛就是生極樂世界，我念一句就走一步，念一句就走一步，從來沒有第二念說：「我死的時候生不了極樂世界。」這一輩子念佛，絕對生極樂世界。

還有些人念了《地藏經》，看了那些地獄，他很害怕，他來問我說：「師父！我很怕地獄啊，我不會墮地獄吧？」我說：「你是常想地獄嗎？」「是啊！我常想地獄。」我說：「那你非下地獄不可。」我說：「你想想極樂世界、藥師琉璃光如來世界、兜率陀天彌勒菩薩內院裡去聽聽法多好；你不想這些世界，為什麼常想地獄呢！《地藏經》中，地藏菩薩希望你別造這個業，告訴你專造地獄業的人，他一定到這兒來；你沒這個業，跟你有什麼關係！你沒業，跟你沒關係啊！」

大家不要懷疑。學佛法的第一個要求，不要懷疑，相信佛一定能救度我，這就夠了。皈依佛了之後，我依靠佛了，我心依靠佛了，我身體皈依佛門了，我一定得救了，再不懷疑了。再不去找外道去學神通！學佛一、二十年了，還找印度錫克教去學神通。錫克教是有些道術，而且他自己還做了很多的註解，寫了很多的書，之後還去學外道。你說這是什麼原因產生的？根本沒信，他對佛教沒信，沒信就沒入。

有些人信佛沒幾天，就念佛，念佛就害病，之後他就死了，生極樂世界了。應該確信不疑，臨終十念就可以了。《彌陀經》說：「若一日，若二日，若三日，若四日，若五日，若六日，若七日。」他這樣一心念佛，一心不亂，就再不想世間事了，再不留戀這個世間，他一定能生。

如果你沒有堅定的信心，懷疑，你什麼也入不了。如果你創一個事業，乃至於說你想發財，你今天幹這行，明天幹那行，你挑來挑去，你哪裡也發不了財。你得一門深入，久了也就精了，精了你就能有智慧了，有智慧了，對這門你就能入得進去。

我講的都是偏重於智慧。我們的智慧怎麼產生？凡是你能夠天天念佛、念法、念僧，皈依佛、皈依法、皈依僧，沒有智慧是做不到的。沒有智慧的人，他會裡頭夾著很多的想法，他認為他很聰明，這就要被聰明耽誤了。這種聰明叫世智辨聰，這就是障礙，障道因緣，最厲害了，八難當中的一難。

要是這個人很老實，他聽見了就以此為真。他相信《法華經》給我授記了，我認為一定能成佛；連佛都成了，何況生極樂世界呢？生不到？絕對能生，你也絕對能成佛。就是看你信的力量堅不堅、純不純。要是信了，一定要發菩提心。修解脫道到最後階段，就要發心，就要發究竟的解脫心。

現在講的這個法，現在我們所犯的錯誤，我們必須認識我們哪點沒對。知道了哪點沒對，把不對的糾正過來就對了，對了我們決定就去了。決定幹什麼呢？決定走到菩提道上去了。你最初的時候，一定要堅定信心，一定要皈依佛、皈依法，之後，別再懷疑，一定堅定去做、去修行，就是念、誦、持。當你念的時候、持的時候，你心裡的憶念就緣念，就是絕對的，不緣念你念不出來。

一起意，一作意，起意就是你心裡一起意，就是皈依佛、皈依法、皈依僧。貪、瞋、癡、慢、疑，你感覺你哪一樣最重？你對財特別重，財特別重的人有什麼相表現呢？不但他自己的東西，人家的東西，他甚至於把他的媽媽、把他的太太，都可以賣了換了錢。

我這樣說，大家可能不信。我住在四川監獄裡頭，有一個刑期判二十年的人，他的案情是什麼呢？他把他媽媽、他的太太騙到河南，把她們都賣了。賣了，又回到四川，他是四川人。他又騙他弟弟，因為沒有什麼可賣了，又賣他弟弟，他弟弟就說：「你不是領媽媽到什麼地方？」他說：「我就是領你去找媽媽去啊！」他弟弟就懷疑了，說：「你領媽媽出去，你一個人回來了，讓我到哪兒去找媽媽，我外頭也沒親戚。」他弟弟跟他去了。結果他弟弟一看，就跑到大陸的公安局去告了。大陸的公安局把他弟弟、把他都抓住了，一了解他是騙他的弟弟，他就是人犯。他除了賣別人之外，沒得可賣了，這才把他媽媽、他的愛人都騙去賣了。

他當然不是為了色，他是為了財。你說拿這些錢做什麼？他賣人所賺的錢，自己一點也沒享受，也沒存在銀行。起出贓物的時候，在一個過橋底下，橋底有石洞，他把他所有賣人的錢都存到石洞裡，他犯案了，這一起，才起出來。是十幾萬，在七幾年的大陸，十幾萬，不得了。這個人得槍斃才對，他只判了二十年。像這樣的人，這麼愛錢，這是具體的表現，我只是說這麼個例子。當然，這個社會上，恐怕像他這樣的人還是不少。像販毒的販子，明知道這是害人，他拿這些去掙錢，你說這個人愛錢愛到什麼程度？

所以，如果你對於財的觀念特重，你要修對治財的觀想，你可以修很多的觀想。怎麼觀想呢？知道財是假的。就像我說這個例子，大家想想看，把錢擱到洞裡，你也沒有享受，反而造出這麼多的罪。把自己親人，媽媽、妻子是最親近的人了，都騙去賣了，賣了換錢，錢擱在洞裡頭，你說這是不是迷？大家想想，這是不是迷？迷什麼呢？迷錢。把錢擱在洞裡頭還能起什麼作用呢？這叫迷，這叫業，我們所說的業障，這就是作業障住你的思想，就是沒有智慧，一點智慧都沒有。

我們再說色。好多人在情上自殺的，大家想想划得來嗎？那時候，我住在廈門大學附近，這期間廈門大學發生幾件事情，有一位男生跳海，一位女生跳樓。他們愛情怎麼樣，當然不管了，反正是為了情。兩個人，一個是讀外語的，一個是讀科技的，畢業了得受國家分配，你要找工作，國家給你找。一個分配到雲南，一個飛到河北，這兩個人就不能結婚了。這一離離很遠，大學畢業了，想不開，一個就跳海，一個就跳樓。有些人還表示贊成，說他們為了情死，是演《紅樓夢》。他不曉得《紅樓夢》是一部道書，林黛玉是草變成的，賈寶玉是石頭變成的，還只是頑石而已。那是假的、虛幻，最初就告訴你虛幻、假的，你認識不到，當成真的，這樣就死了。

有些學生問我：「他們為情而死，死了之後該會很好吧？」我說：「他們都下地獄，下地獄像射箭那麼快，比他殺快得多。」密宗的中陰身也講這個問題，現在我們不詳細講。這就是迷色。

大家想一想，這兩種都叫迷，一個迷財，一個迷色，大家要看破。看破了之後，你才能夠解脫。財色是生死根本，你要想解脫，一定要看破財色。

這些問題在《阿含經》、〈俱舍論〉講得非常之多，學《華嚴》的人不講這些？《華嚴》就是從這個開始啊！看看〈淨行品〉，智首菩薩問文殊菩薩，問了一百一十種問題，文殊師利菩薩就答四個字「善用其心」。你的心，要會用，別迷到財色上。怎麼用法呢？如果不理解了，你把〈淨行品〉念一念，有一百四十一願，見什麼發什麼願，不是成佛就是度眾生，一百四十一願大概就是這樣的意思，總義就是「善用其心」。

現在我們聞到佛法，隨時緣念佛、緣念法、緣念僧，這就叫修行，就是「善用其心」。看到罪惡的事情，你躲開一點。自己那些不好的念頭，對人家沒利益，對己又有害，絕對別做，絕對別起這個念頭。對別人有利，對自己有害，一定要做。學佛的人，要把一切眾生擺在前頭。

現代進步的社會，民主文明的國家，都標榜著為人民服務，全世界都是這樣子。我走過的國家還少了一點，我所看到的國家當中，很少是為人民服務，反而是顛倒過來為己服務。不論廣告說得多好，處處為人著想，其實為我賺錢，很簡單。

我們可以看看事實，我們要看做的、看行的，不要聽說的。所以我勸大家，不要聽我說的，我說這個你要去做，或者我也得去做。誰要這樣做，我們就認為他是佛子；誰沒這樣做，不是佛子。這是佛教導我們的。怎麼來判斷呢？就是依著佛所說的話，看他所行的。我們不要聽說的，我們要看做的。他要是這樣做，絕對能成道，也絕對入道；不這樣做，入不了道。每位道友，你要想離苦得樂，你要想得到佛菩薩加持，一定要做。

「你說那麼多名相，我記不得！」你記得佛、法、僧就成了。「那麼多修行，我入不去！」你就念佛、念法、念僧，皈依佛、皈依法、皈依僧，一天你就這樣念，你就成了，一定能入道，你會開智慧的。開了智慧，你再看經，自己看自己就懂得。佛經就是這樣，跟世間典籍不同。如果不懂，你念，一遍沒懂念兩遍，兩遍沒懂念十遍，十遍沒懂念一百遍。

若我求地藏菩薩、求觀世音菩薩，我念十聲不行，念一百聲不行，念一千聲不行，念一萬聲、十萬聲、百萬聲，念到一百萬聲，有點熱呼氣兒，一直念下去，絕對加持你。不是地藏菩薩來了，也不是觀世音菩薩，你自己的心就靈了，就是自己加持你自己。心外無法，法外也無心。所以說，一切諸法皆是我的心，涵義就是這樣。

我最後講的這個結論，就是華嚴義。但是皈依佛、皈依法、皈依僧，也是南傳，也是北傳，不論什麼傳，最初都得皈依佛、皈依法、皈依僧，顯教如是，密教也如是，如果離開三皈依，什麼都不是，不是佛教。

第五講　修解脫道

我們繼續講修解脫道。怎麼樣修得解脫呢？要心裡清淨，要淨心。淨心就得觀心，你觀你的心清淨不清淨。什麼事算是清淨呢？什麼事算是不清淨呢？有標準的。倘若你自己屬於貪、瞋、癡、慢、疑，這五種當中有一種，就是不清淨。

貪，就包括很多了。我們通常知道的就是利害關係，還有種種的色相。色相包括多了，我們一般所理解的色就是男女關係，這是包括不完的。還有愛古玩，愛花草，凡是你有所愛、有所貪，心裡都不清淨。

為什麼心裡不清淨呢？沒有智慧。沒有智慧者，你觀照一切法，把這一切法看成實有的，你就想求得到。大家念《心經》，可能只是念念而已，沒有仔細注意。「菩提薩埵依般若波羅蜜多故，心無罣礙；無罣礙故，無有恐怖。」第一句話是「依般若波羅蜜」，「觀自在菩薩行深般若波羅蜜多」的時候，也是「行深般若波羅蜜」。「依般若波羅蜜」、「行深般若波羅蜜」，觀世音菩薩就深入了。

「依般若波羅蜜」，怎麼依般若波羅蜜呢？你學著有智慧，般若波羅蜜就是有智慧。有智慧，你一切都能成功，做什麼事兒都能成功。你把惑業斷了，也能得到解脫。

剛才我們坐在那裡談，也算上了一課，時間也差不多了。有些道友問，《楞嚴經》從聞、思、修到三摩地，就達到解脫道。現在簡單解釋聞、思、修，聽到了就想，想完了就去做。這個過程是很簡單，誰都懂，誰都不做，包括我在內。我們現在就是講解脫道，大家聞思修了沒啊？聞是聞了，思沒思啊！聞沒聞？聞就是聽啊，你怎麼聽的？

我們很多道友不知道怎麼修，就說：「我知道的太少了，對佛法知道太少了。」我說：「你知道很多的。」包括諸位才入佛門的，你都知道很多了。你所缺乏的是沒有經過你的思想整理一下，哪個是你應當要的，哪個是你不應當要的。你不應當要的，我講得很多，不一定對你講，因為這裡這麼多人。

佛所說的法很多，不一定是對你說的，那些法不一定對你說的，但是從中有你應該用的。但是其中，有一個基本點大家都得用，就是皈依佛、皈依法、皈依僧。

我們聞到了佛、法、僧，有沒有思慮過？這段時間，你有沒有修？你沒思沒修，聞了等於零。你入不了三摩地，僅僅種一個福田種子，有福報；種個善根種子，善根種子就是未來再去修吧。這種子是不泯滅的，你現生想得到點好處、得到點利益，這是得不到的；因為你不做，你不去想。

例如說，我們從事商業活動，我們的客戶來了，我們首先考慮，他所要求的，我能做得到嗎？他訂的貨，我們能滿足了？又考慮到，我們的貨給人家拿去，質料如何？一定要考慮。還有，我們做這一筆生意，我究竟能收入多少？去了人工、去了運送費，你不計畫一下嗎？就這麼糊里糊塗訂嗎？你得思考一下。何況你要了生死，聞到了生死的法，如果是佛教徒，那比你任何事物都重要。

你在日常生活當中，沒有苦難嗎？沒有不高興的事嗎？你事事都能如意嗎？絕對不可能。不說大家，就說我，如果今天早上念這部經，念得心裡很喜歡，我就很如意。如果念了這部經，有妄想，有雜念，或者自己很慚愧，這慚愧也不是好的，沒慚愧是不行，還有懺悔；如果正在念經的時候，有這些都是錯誤的。為什麼呢？你已經起行了，那些在你沒起行的時候，你應當思慮，應當考慮，懺悔、慚愧。你正在修的時候，夾雜這些進來就不純了，這不叫清淨心，淨心觀就得這樣淨。

當你念經的時候，你夾著好多的思想在裡頭，雖然你在念，你心裡不清淨。你既然心裡不清淨，你所得到的果清淨嗎？好比你念普賢菩薩的〈普賢行願品〉，你心裡頭不清淨，你能跟普賢菩薩結合一起嗎？你能得到普賢菩薩的大悲心嗎？

若你念《金剛經》，你能體會到須菩提一見到佛往那裡一坐，他就說：「如來善護念諸菩薩，善付囑諸菩薩。」須菩提跟著佛也二、三十年了，天天如是，怎麼沒看見佛善護念、善付囑啊？怎麼今天才發現佛善護念、善付囑啊？須菩提證了阿羅漢果也不是一天、兩天了，見思惑都斷了，他今天才體會到佛是善護念諸菩薩、善付囑諸菩薩。大家天天念《金剛經》，你體會到佛怎麼樣來善護念、善付囑啊？

你必須得淨心。你淨了心，觀你的心，跟佛所教導的教義，跟佛所制訂的制度，結合不結合？一定要結合。結合了之後，你就進入解脫道。不然你上不了，連道路怎麼走，到得了哪兒，你都不知道。你出了門都找不到家，東西南北往哪兒走啊！就是這樣一個涵義。

你要想修，必須清淨你的心，然後好好觀察一下。事前有些準備，你準備好了，然後正式修行。像我今天要拜懺，拜懺了，你的心先靜一下；到正式拜的時候，每句話都講「一心敬禮」，你千萬不要兩個心、三個心、四個心，乃至包括好多心到這裡來磕頭。磕頭只有身體禮拜，效果不大。雖然也在磕，拜完了，也出一身大汗，汗白流。汗白流的意思，是你得到的少，而付出的多。這樣子就需要淨心，需要觀心。

我們這裡說的淨心、觀心，是能把你的妄心降伏一下，不是斷。我們還沒有達到真心。真心具足一切，從降伏到斷，讓我們真心顯現。顯現了之後，依真而修，才能夠從菩提道的發心證入菩提果。這中間有很多過程，要不然佛不需要修三大阿僧祇劫。

但是，我們自己要求自己，不要太高。我們曉得我們是什麼位置，曉得我們的貪、瞋、癡有好重，漸漸的磨練就好了。若一步登天，沒有那種事。想頓悟，盡看大乘了義經典。其實我們太躐等了，我們是小學生、凡夫，盡想做聖人的境界，這是做不到。

應當怎麼辦呢？就我們現行的煩惱，你哪一個煩惱重，你就用佛教導我們對治煩惱的方法，先把煩惱降伏了。讓你的心經常在愉快當中，來學佛，來信佛，來做一切事業。你做，賠錢了，也很喜歡；生病了，病很嚴重，很喜歡。

我曾對一個癌症的弟子說：「你不生癌症，你不會這麼樣誠心信。」生了癌症，癌症治不好，直到死亡了。他知道死亡了，下了決心，等死。你等死，反倒不死了，癌症好了，這叫不可思議。就是你要下決心，一般的小病，我們要有信心，不能說沒信心，沒信心，你怎麼入佛門呢？

有一天淨耀法師帶我到土城監獄，去探視三個死刑犯，台灣報紙天天都有登。要我對他們講開示，講啥開示？我說：「好好一起念觀世音菩薩。有兩種道路走，一種，槍斃，照樣的執行；另一種，改變了。」如果聞到了觀世音菩薩，槍斃你了，真是太好了，在我要死的時候聞到觀世音菩薩，一心念到死，我說：「你就再不墮三塗了，再不被槍斃了。不然你再來生，也許還被槍斃。」為什麼？你盡做壞事，不槍斃？但是不曉得多少年月、多少劫，才能轉生為人，這樣槍斃你下地獄去了。你聞到佛號了，聞到佛法，就這麼修行，雖然一樣的死，死得不同了，全變了。因變，果也變了。或者，你還留戀這個世界，還想不死，因為你這一念聖號，不死了。

這種例子我經歷過很多。我住監獄裡頭，不許宣揚佛法，但是我還不被為難，我挨著那個判死刑的人，他也不吃飯，也不幹啥，在那兒哭。哭沒得用，流眼淚不會讓你釋放了。我說：「有個方法你用不用？」他說：「什麼？只要有方法我一定用。」「念觀世音菩薩。」他連話都沒問我，靈不靈都沒有問，他這時候就一心念，念到第七天，不可思議來了，就要提他出去。他說：「似乎要槍斃了。」我說：「不一定，這種提法，不像槍斃。警察都沒來，若要槍斃了，門口一定佈滿了人，這不像槍斃。我們應生歡喜，誠誠懇懇的念。」後來到那兒給他重新審判，回來的時候腳鐐手銬都沒有了，不過，不許他跟我說話，他就走了。

你說靈不靈？「他都靈，老和尚你為什麼住在監獄三十三年？」這有兩種說法，我不靈，我念得不誠心。他是必死心的，我不是，那就對我不靈，對他靈。他的問題是，他父親在香港，他在大陸，共產黨就疑惑他是國際間諜。因為有一個栽贓的人栽他，就斷定了，要槍斃。就在他念觀世音菩薩的時候，香港來證明說他跟他父親毫沒連繫，而他父親是個純粹的好生意人，從來沒反對過共產黨。好，這麼一下子，他馬上就從死牢釋放。這過程是不可思議，觀世音菩薩靈不靈？說靈，這是他的事，不關觀世音菩薩；說不靈，他不念觀世音菩薩，他就死了，這叫不可思議。

我有一位犯了癌症的弟子，她現在回高雄了，她是在榮總開刀的，醫生說她活不過五年，四年、三年之內準死。她在銀行工作，還是高級職員，現在都辭掉了，等死。等死幹什麼呢？就是念佛、信佛。三年過去了，四年過去了，五年過去了，她到溫哥華跟我說：「師父！我可能不死了。」我說：「不一定啊，你還要繼續用功，像以前一樣。」她現在好了，還準備跟我朝五台山。你說靈不靈？

我們信佛的人說它靈；不信佛的人說：「癌症轉化了，原來就不很嚴重。」但是她的膽可切除了，沒有膽了。我問她：「妳還害怕不？」她說：

「還害怕。」我說：「膽又長起來了。」沒膽的人，就不知道害怕，嚇破膽。我們經常說，嚇破你的膽了。膽都嚇破了、切除了，就不再害怕了；但是她還害怕，膽還沒破。

還有在這裡講課的一位法師，他不但沒膽了，連脾也切了，肝也切了一半，醫生說他活不了一個月，現在好多年了，還在這裡辛苦講課。

所以，你說佛菩薩加持，信的人，我們把這些功德推給諸佛菩薩；不信的人，他本來就不該死，本來就不是嚴重的病，話可兩頭說。但是，我們信佛的人，一定要淨心、觀心，滅除現行煩惱。說這些佛菩薩加持，大家想，佛菩薩加持嗎？是自心的力量發生了。假外界的觀世音菩薩力量，引發他自心的自性力量。自性是空的，根本沒有生死涅槃，什麼病苦痛惱，都不在乎，他就沒事了。這是兩種，有內在的，有外在的。

但是，我們現行的煩惱一定要對治。對治的時候，從聞、思、修入三摩地。你聽了，要想一想，要觀想，用你聽到的，把你的心清淨清淨。若我們念佛、念法、念僧，你想一想，佛是做什麼的？佛所說的法都是什麼？僧人是幹什麼的？你不要想那些你看不起的和尚，你想好一點的。我們念的《阿彌陀經》上的大阿羅漢，舍利弗、目犍連、摩訶迦葉、摩訶迦旃延，你想那些聖僧，都在你跟前。

大家都知道迦葉尊者沒入滅，他到哪兒去了？他在那兒坐著不動！他分身千百億，你身邊都有。一萬六千大阿羅漢都在這個世界，你不信就沒辦法。觀世音菩薩經常在你身邊，地藏菩薩經常在你身邊，他跟每個眾生都有緣。「我念，怎麼沒見到他們？」你自心的光明，你自心的德，跟他們還接不起來，你見不著。等你幾時念靈了，你可以隨時見到。見到他們，你也不要稀奇，也不要對人宣傳說：「我念地藏菩薩，拜這麼多年了，地藏菩薩一天在我身邊，我跟地藏菩薩一天說話，或者還可以打電話。」這是騙人的，不要信。真正見到的人，他絕不會跟你說。但是你自己修到，你自己知道，你也不能說。這是你自心顯現的，你向外說什麼？這是第一種。

同時你還得了解，什麼叫佛法？你皈依佛、皈依法、皈依僧，你連什麼叫佛法都不知道。「老和尚講的開示，所寫的偈子，或者《華嚴經》，那不是佛法嗎？」那是外界的，你要信你自己的佛法，千萬不可離開你自心。你所有產生的力量，都是你的心力所產生的。你必須把外界的住世三寶，跟自性三寶結合起來。你不要認為皈依佛、皈依法、皈依僧那麼簡單，你要思惟、要修；要是思惟了、修了，你知道佛、法、僧就夠了。

要從聞、思、修入三摩地，這是《楞嚴經》了義的法，叫做開悟的楞嚴。你真正把這幾句話懂了，你真正去做，自然跟《楞嚴經》結合了，什麼問號都沒有了。因為你沒有這個功力，你看見什麼都不理解，會懷疑「為什麼這樣說」。等你有功力，你讀一百部《楞嚴經》，天天讀，你看看你自己，《楞嚴經》上的很多話你會理解的，佛經就有這種加持。

別認為《金剛經》經文很少，你也會背了，你沒懂得幾句話啊？沒懂啊！你要懂了，對三藏十二部經典你都可以通。信嗎？不見得信。要修，要思，你就真信了。那個時候才叫真信，再沒有問號。現在我們的信，「師父說的，師父也是那麼信的。」那位師父也沒有真信。真信的人，決定不疑。

真信有些什麼現相呢？在《華嚴經》講十種心，才能成就一個信心。為什麼修信心要一萬大劫？那才是真信。到了一萬大劫之後，信心真正的堅定，入初住位了，《華嚴經》初住，這時候發菩提心，發的是真心，他一發心就能跟佛一樣，到別的世界也示現成佛，也度眾生。但是，他是一位一位修，這還是相似見真理，不是真的。相似，成就信心，那麼容易啊？

有些道友會説：「我信佛好多年了，師父你怎麼説我沒信心？」我説：「我出家六十多年了，我還沒信心，你才信了幾年。」你知道什麼叫信心，信心要入位的，這還不算正式入位的。《華嚴經》最了最大的，善財童子最初是參文殊師利菩薩，從信入手，乃至於成佛了，跟彌勒菩薩一樣了，等覺菩薩位了，還要讓他回來參文殊師利菩薩。懂得這個涵義吧！

大家學佛經的時候，要是你從那個最不理解的、最深的地方入手，不論密宗的大手印，還是《華嚴》、《法華》，你無法理解的時候，你怎麼辦呢？你回過頭來，從你自己的現在的一念心入手，如果你把現前一念心掌握住，對治貪、瞋、癡，到那個時候，煩惱就是菩提，貪、瞋、癡就是戒、定、慧。

本來我去年想發心講講《淨名經》，也就是《維摩詰經》。後來我思想轉變，所以還是從頭開始，講講皈依佛、皈依法、皈依僧。但是我們把皈依法、皈依僧，講到深處，跟《華嚴》也合，跟《法華》也合，跟《楞嚴》也合；你隨便講哪部經，你就用皈依佛、皈依法、皈依僧，你可以圓滿解釋全經。這就是從現相的皈依佛、皈依法、皈依僧，到你自心的皈依佛、皈依法、皈依僧。

我們的時間不夠，要是夠的時候，我們應當再講一講五戒、八戒，只要能把八戒持好，再加上你三皈依的力量，豈止生天，你就成佛了。一即一切，現在我們受了三皈依，受過三皈五戒、八關齋戒，受過條文，可是，還沒有詳細理解。真正理解了，你就從聞、思、修入手，你修吧，夠你用的。

我們不是知道太少了，我們都知道很多。可是，缺乏思跟修。往往自己產生了很多誤解，已經墮入邪見坑，還認為自己很了不得，這還是持戒清淨的道友。很多錯誤觀點，大家不能學。為什麼佛講要持戒？戒、定、慧，從持戒的戒經裡面，你能學到很多不可思議的東西。你說：「那不是持戒，叫我們不做的。」那裡頭也就包括一切了。佛說法是交錯的，這裡頭含著深意。

我們有些道友說，我一天念十萬聲佛，或者念多少萬聲佛號，才能往生極樂世界；如果數字念得少的話，生不了極樂世界。我昨天在拜懺的時候，跟幾個道友說：「你想念多，沒問題，釋迦牟尼佛在戒經裡頭教過我們念佛。怎麼樣念呢？『南無西方極樂世界三十六萬億一十一萬九千五百同名同號阿彌陀佛』。」我說：「你念一聲，就念三十六萬億一十一萬九千五百阿彌陀佛了。你念吧，念一聲就是念三十六萬億一十一萬九千五百聲。」

佛看見兩個老夫婦，拿著兩籮筐，一籮筐是空的，一籮筐裝著穀子，念一聲「阿彌陀佛」，拿個穀子往那空籮筐丟。佛說：「你們這些老善人幹什麼呢？」老夫婦說：「念佛計數量啊。」「你要到什麼時候才能把這一籮筐擱到那一籮筐去？」老夫婦說：「不知道。」佛說：「我教你們一個方法，你們就念完了把這一籮筐端到那邊去；再念一遍，你們又把籮筐端在這邊來。你們一天念了，就端了好多的籮筐。」

是不是多了就能夠生極樂世界去？你要心念，你的心跟極樂世界相應了，你的心跟佛心相應了，你的心在這個世界就清淨了。「心淨則國土淨」，這句話大家都知道，學幾年佛的，「心淨國土淨」、「念自性彌陀」，話都會說，做起來就糊塗了。像我似的，我什麼都不記得，一出門，我走到天母去，我走不到；你住在什麼地方，不知道！那叫什麼街，不知道！糊塗了，出門就糊塗了。

一定要淨心、觀心，合乎佛的教導，合乎佛的制度。就是在這個社會上，都有法律，都有憲法，都有制度，你得合乎人家制度，這樣你才能進入修解脫道。

我前面講的都是深義，你還得學點淺的，能對治現行煩惱的。你起什麼煩惱，你漸漸的磨，讓你的心，又明又淨，有了智慧。先斷現行煩惱，我們斷的力量不夠，要伏。要是生起貪心不要讓貪心生起。因為我們人還是要死的，這不見得屬於「我的」，好多事情不見得屬於「我的」，更不用說是「我」了。是「我的」，有時候都不屬於「我的」。如果你會想的，全是「我的」。

如果你要學《華嚴經》，這個大千世界全是「我的」，在我心之內的。大家修供養的時候，不用去買朵鮮花。經常的一拜懺，「願此香華雲，遍滿十方界。」哪裡來的啊？超級市場花店有的是，你用觀想都搬來就好了。

以前在溫哥華講經，有一次，弟子帶我去維多利亞花園，整個是花園。我永遠觀在心中，我到哪兒一拜，就先把維多利亞的花拿來供，維多利亞的花，也不微妙。你要多看看六欲天那些諸菩薩供佛的花，你也要從你心裡借來供養。這些花都要壞，你心裡的花永遠不壞的。你幾時用，一作意就來了。外界的這些花你拿不來，壞了你明天再拿就不行了。你心裡的花，心花怒放，那是不可思議的。

用心去供養，效果大。為什麼呢？如果你的心用這些花來供佛，是你心力大，心清淨了，觀想力有了，是淨心、觀心，那種功德可思議嗎？有相的，你可思議，無相的，你怎麼思議啊？你也在這兒跪著供佛，那樣一供，你知道人家心裡想什麼？那種功德是不可壞的。

這就是降伏其心，這是降心的方法。你說是圓的，也可以；說是小的，也可以。法沒有大，沒有小；圓人受法，無法不圓。如果你是修《法華》，你學著真觀、假觀、空觀，這是天台宗三觀；你要是學《華嚴》，真空絕相觀、理事無礙觀、周遍含容觀。華嚴三觀是大的，怕你修不起，你心裡沒有那種心量。怎麼辦呢？先淨心，先觀心，把垢染清淨、降伏了；隨分隨力，先降伏這些煩惱，漸漸的斷，到後來頓斷無明，才能成佛。釋迦牟尼佛夜睹明星，不是一般的開悟，他是最後的一分生相無明斷了，所以他就究竟成佛。

漸漸的明，漸漸的淨。學不了六祖惠能大師的南傳禪宗，你就學學北傳的神秀大師。我們有些道友一聽：「身是菩提樹，心如明鏡臺，時時勤拂拭，勿使惹塵埃。」他就排斥了：「這不對！我們要學『菩提本無樹，明鏡亦非臺，本來無一物，何處惹塵埃。』」這種頓悟的境界，你做不到。北方的禪就要漸修，南方的禪就頓悟。沒有漸修，哪來的頓悟？你不天天講，你怎麼知道淨心、觀心啊？你又怎麼能得解脫啊？你沒有福慧怎麼去供養？大乘的清淨心，你的真性，又怎麼能顯現呢？你又怎麼能趨向菩提道呢？不要躐等。

皈依佛、皈依法、皈依僧之後，就要發菩提心，使你的心清淨。發菩提心，發清淨心，完了之後，趣向菩提。你同時要對治一下，看看你的病在什麼地方。身體有病了你不知道，找醫生來把把脈，或者照X光，看看你病在哪兒。你自己起心動念的病，醫生是沒辦法，你就對著佛經照一照。有時，佛經說的也不見得跟你心裡相應，你自己靜下來觀觀，你現在哪樣毛病多，你要對治。

你太愛財了，愛財愛得連自己媽媽也賣了，連老婆也賣了，什麼都賣，就是想要錢，就是愛財。愛色的人，他跟哪個人交朋友，如果失戀了，他命都不要了，去自殺，去跳海。這就是他愛得重，他的病根就在這兒，就從這兒下手。

要修什麼呢？修不淨觀，這個世界沒有清淨的。不淨觀從什麼地方修呢？先修你自己的身體。為什麼每天要洗澡？假使有人吐了痰，要他再吃他的痰，絕對吃不下去，太髒了。他自己喉嚨吐出來的，在裡頭他不感覺髒，吐出來他就感覺髒了。他解大便，你要他再吃大便，絕不吃；但是在他肚子裡，他不嫌髒，他一解出來就嫌髒了。你可以在肚子裡觀想一下，若你把肚子打開了，說這裡頭都是些什麼東西啊？我一天帶著是些什麼？

說這個漂亮、那個漂亮，誰漂亮？都不漂亮。如果看見天女了，他看見人間的美女跟天女比，差太遠了。如果他看見菩薩化現的美女，比天女漂亮。菩薩化現的美女就太漂亮了，那是他斷你的欲心而化現。觀世音菩薩就化現美女，魚籃觀音就是這樣，誰都知道這個故事。

知道外在的美貌是假的，那是外皮，內在的五臟六腑可不是？他今天化像人，他的腑肉，除了水就是尿。五臟六腑，生臟之下，熟臟之上，最髒了。你要這樣來觀你的身體。你哪一點最美？你觀你最美的地方，你就觀得很不美了，這沒有標準的。說有人很美，大家都看得很美，不見得，有人看得還不美；什麼人看的最美，跟他有情的人看得最美。我們中國有句俗話：「情人眼裡出西施。」西施怎麼樣，大家還是揣摩，人云亦云。

在北京，我們還當小孩的時候，看過梅蘭芳好多次。他卸妝的時候，一臉大鬍子，上妝之前，都要刮鬍子，越刮越重，臉部都是青的。梅蘭芳不漂亮，他要是化了妝看起來，永遠是十七、八歲的姑娘。你可以開悟啊，假相。六十來歲的一個男人，滿臉鬍子，往這邊一刮，把頭髮這麼一整理，化妝出來，再一扭扭捏捏的，簡直就是仙女。你說真的、假的？沒有真的。

「我是女人，我很美！」那是你自己認為。老和尚看見你的本質，看見你皮膚裡頭的東西，你美啥？九孔常流不淨。你若說：「他很愛這個人，這是他情人。」她屙泡屎讓他吃，他吃不吃？他絕不吃，那就不美了。這樣做不淨觀，來對治你的貪欲，你不會起貪心的。

還有的人，他不愛財、色，可是，他的脾氣非常大。他就爭那一口氣，他命也不要了，什麼都不要，就爭一口氣，瞋恨心特重。像阿修羅，也行十善，也持戒。他受五戒的時候，不能受瞋戒，也不能受殺戒，他殺生業特別重，沒辦法降伏瞋恨心。他也生天，也好鬥。能持三戒的眾生都能生天。但是他的瞋恨心不了，他總跟天帝打仗。要是人間的鬥爭勝了，阿修羅的天就勝了，天人就消滅了；人間五戒十善持得清淨了，生天的就多了，阿修羅就消滅了。這僅僅是六欲天的四王天跟忉利天，上天修了就沒有了，沒有這個力量。

像名譽心重的人，他也不愛財、不愛色，一生就為求名。有這麼一句話：「名譽是一個人的第二生命。」像包青天是一位清官，他為了當清官，可以付出一切，真正的清官。他知道因果嗎？什麼最平等？知道因果最平等，不知道因果，你永遠平等不了。國與國、人與人、社會與社會、團體與團體，他不知道因果，「這個不公平！」他如果知道因果，知道他的前三世、前十世，很公平。

佛講的非常公平，你做什麼業，你受什麼報，這不公平嗎？你自作自受啊！「冤枉了！」在佛經上講，世間上沒有冤枉的，平等平等，一切諸法都是平等的。自作自受，有那個因，必有如是果。你要是能夠懂得因果，心安理得。在你受的時候，「好了！我的債還了，我就清淨了！」害病，「我前生殺生很重，我命債還完了，我一天還要害病，我從此再不殺生了。」你如果發這個願堅定的時候，你的病就好了，就把業消除了。

不論你起什麼心，你起了什麼念，你要對治你的病乃至思想，就要熏修。

怎麼樣熏修呢？聽一回不行，十回不行，慢慢熏，耳根常聞到這類事，接觸的常是這些事。

上次我講過，你若在香林裡頭，你出來的身是香的。若你跟著善友，拜懺、發願、得遇明師、親近善友，你熏習的大概都是這些人。你跟土匪在一塊兒，除非你有大力量能轉動他，不然他把你熏去當土匪。你跟什麼人就學什麼，這叫熏習。你一天不離開佛、不離開法、不離開僧，佛法經常熏習你，你自然就清淨，這叫熏習修。

〈大乘起信論〉是根據一百部大乘經典所作的論，馬鳴菩薩作的，他說熏習的關係非常重要。就是我剛才講的，從聞、思、修入三摩地，你得熏啊。所以，不要認為佛經好像經常重複，是重複，認為佛經好像非常矛盾的，一下「有」，一下「沒有」。我說佛說法不矛盾，佛並不是把你們都集中一起說的，佛是對這一批人就說這個，一看這些人沒出離心，就講因果，講報應；到了《華嚴》，對著那批大菩薩，他講出離心幹什麼，人家都修過了，他就講重重無盡，就講法界性。

《金剛經》上講，二乘人剛見了般若空義，讓他入空義，就讓他度眾生。

二乘人度眾生就著眾生相，度了好多眾生，就度一個眾生丟一個籌碼，度了三十個眾生，他就覺得有功德了，「啊！我的功德怎麼……」不行的，應當怎麼樣子呢？度眾生無眾生相。有人說地藏菩薩永遠成不了佛，地藏菩薩要是度眾生有眾生相的話，他就不稱為地藏菩薩，地藏菩薩是無我相、無人相、無眾生相。但是，他是對那批人說的。如果是對我們來說，無我相、無人相、無眾生相、無壽者相，你好事都不做了，「好事、壞事一個樣兒，我何必做好事呢？」那是告訴你好事、壞事一個樣兒，你什麼事都不做，就對了；好事、壞事一個樣兒，你不做好事，只做壞事去了，就不一樣了，是不是啊？你要懂得這個道理。

佛說：「你念《金剛經》，有很多功德。」最後他又說：「菩薩行一切功德，沒功德。」須菩提就有點想不通了：「做了那麼多功德沒功德，還做功德嗎？」佛就告訴他：「做功德不執著，做功德沒有做功德的相。」如果心裡想：「我又做了好多功德！」那你的功德非常小；如果做了功德，沒有功德相，功德遍虛空盡法界，能說它的力量大小嗎？

聞法了，為什麼你要思呢？你不思，你不能入。為什麼你要修呢？你不修，你證實不了這個話是對的、還是錯的。現在我們聽了很多，我們是糊里糊塗聽，我也如是，心想：「對啊！佛說的還有錯。」不一定，你要思。在這一會說的，佛說的是對的；要是把佛這會的話搬到那會說，佛說那個也不對。為什麼不對呢？他對那個機說的，這個機不對了；你給搬了家了，你搬了家怎麼不矛盾啊？說「空」的時候，你跑到那兒說「有」；說「有」的時候，你跑到那兒說「空」，「空」、「有」就不相同。

直到《華嚴經》境界，永遠沒有不對的，圓融了，說「有」也對，說「空」也對，隨便對哪個眾生都對。他不能領悟，不能領悟就種個善根，這就是華嚴境界。所以到了《法華經》，你們都成佛，反正你只要入佛門都成佛，你還接受不了。「像我這樣能成佛？」你的信心就不具足了。「能成，我有佛性為什麼不能成佛！」時間長了，什麼時候成佛？你什麼時候遇到佛法，什麼時候發了心，什麼時候修菩提道，你也能成；若沒遇到，沒遇到你還是成不了。很簡單，各種解釋的方法不同。

對我們來說，現在當前需要的是對病下藥，把我們本有的佛性，越發揮得越大越好。不但發揮我們自己的佛性，讓一切眾生界都清淨，這就是大菩薩，讓人人都能夠念佛、念法、念僧。只靠我們幾十個人念佛、念法、念僧，要轉變五十多億人的災難，哪有這個力量。要是五十億人都能夠念佛、念法、念僧，這個世界變了；剩下的那幾億人跟著也就好了，他想不變不行，因為他的力量薄弱。

我們現在處於什麼時代呢？叫末法。末法是什麼情況呢？魔勝法弱，邪說橫行。明明是正法，他給你說成邪的，添加很多，不標奇立異，顯不出來他的道德。他總要說得跟別人不同，「我不同，你要信我吧！」這就是標奇立異。所以他必須標奇立異。

我們再講一講神通。神通跟生死毫不相干，要想了生死的話，不可以依靠神通。你如果著了神通，神通是苦，你沒有方法來轉變，或者時間也來不及了。例如我知道後天要撞死，我怎麼準備？我要出車禍，我知道了，避免不了。你心裡恐慌了，你怎麼辦？不知道的還是愉愉快快，這兩天總是愉快，那一剎那沒發生，我總是愉快的。若是有神通，你要有智慧，能轉變。業要現前，我去還，還了就沒有了，你愉快的走。愉快的走，你轉化了，你再來一個分段生死就不是這樣子了。

神通，「神」者就是天心，就是你現前一念心、自然的心。我們的心不是不靈，你的心用起來，你感覺妙極了，心會想出很多主意，其中也有壞主意；管它好壞，能夠想很多辦法，靈不靈啊？「通」是什麼呢？智慧、光明。外在的光明是有障礙的，你內心真正的光明，永遠不障礙，遇到黑暗，你就是光明的，遇到什麼你都是光明的，你永遠無礙，永遠住在光明裡頭。這叫神通。

阿羅漢的神通，業障現前的時候，他會失掉的。目犍連尊者是佛的阿羅漢大弟子當中神通第一，當外道把他屍體都打爛了，別的道友說：「你的神通怎麼不現呢？」他說：「我的神通沒有了。」到時候神通都沒有了，業障現前，神通失掉。等打完了都走了，他的神通又來了，他把他打碎的身聚起來又回到道場來，還能夠回到他家鄉去說法，說完法了，他能示現十八變神通，上身出火，下身出水，自己用火這樣焚了。都如是啊，真的是業障現前。

所以你平常的功力，如果不是堅定的，到臨終的時候，你的冤親債主找你算帳，你要想戰勝他們，你念佛的力量必須把他們消失，你才走得了，不然他們把你拉住。為什麼要你一心不亂呢？一心不亂，就是業障降伏了，那個現相沒有了，你才去得了。不管你還有什麼業，其它的業你能夠帶去，這樣的帶業。如果你欠的債猛利，冤親債主找你的猛利，你念佛的功德敵不住他，你生不了極樂世界。念佛一法，你所有的修行，到你臨命終時候，就是憑本事了。我們說養兵千日用在一時，你修了幾十年的功夫，就在那一念間，你要能做得了主，做不了主不行，那是你功夫還不夠。

為什麼我們要經常的修行，經常觀照我們的心？把你的清淨心顯現出來了，到那時候你走了，清清淨淨的。助念的關係很大，在你臨終的時候，雜念紛飛，一聲佛號投進去了，在耳旁給你助念，你的心就隨著佛號轉了；你隨佛號轉，這些現相都沒有了。那就是淨心，幫助你淨心。心要是清淨了，你就是往生也好，再來生也好，再來生能知道前生的事。你再來生了，你能夠不做眾惡。前生是和尚沒修好，來生再當和尚繼續修；又沒修好，再來生再當和尚繼續修。生生不斷修，這要靠你很大的功力，不然不可能，來生就迷了。除非你有很好的道友來找你、跟著你，非把你拉回來不可。所以為什麼要當同參道友，你沒成，他成了。老和尚弟子收多了，我感覺到這不是好事。多收一個弟子，多一條線把你拉住，是不是啊？比如說你走了，他們呢？

皈依你了，等你度了。

我們昨天念《地藏經》，我跟大家道友講，弘一法師聽到第十三品放聲大哭。別人問他：「法師！為什麼要哭？」他說：「你念念第十三品，你看看釋迦牟尼佛的大悲心。」釋迦牟尼佛臨走了，囑託他的下一代，他想到末法眾生，很怕眾生墮地獄，他一而再、再而三的囑咐地藏菩薩：「眾生只要對佛教有一點善根，一絲一毫，一毛一渧，一沙一塵，你都把他們度了，千萬不讓他們墮地獄去。」地藏菩薩痛哭流涕。菩薩已經沒得情感了，他怎麼還哭啊？示現跟眾生一樣的悲苦。所以他就發願了：「只要末法眾生能對佛法有一絲一點，我都把地獄壞了，不讓他墮地獄。」所以我們要報佛恩。

就像我們老爺爺最愛他的孫子，囑託他的兒子：「你應該怎麼照顧這個孩子啊！」跟那種情況一樣的，大家想一想。但是佛的囑託可不是一個人、兩個人，他是指：「我的末法一切弟子，在彌勒菩薩沒出世、沒度他的時候，在這個中間，千萬不要讓他們受罪，一定要度脫他們；一墮下去，他連千佛出世的名字都聞不到了。」佛是這樣對我們。

一位老法師，或一位老和尚，他收了許多弟子，收完了就不負責任了嗎？每個弟子在受三皈依，不管多少，平等平等，都是給師父紅包，幹什麼的啊？求你救度。我們大小是平等平等，你把他辛辛苦苦掙來的錢，拿去花了，你不負責任啊？世間上動人一點錢，都得要還債的，你還得起嗎？怎麼辦呢？我還不起，我就找地藏菩薩替我還，我找觀世音菩薩替我還。我念經的時候說：「地藏菩薩、觀世音菩薩，你們慈悲，我還不起，替我還，都把他們度了。」

還有一種特殊情況，他也沒見著我，他也沒聽到過我，他會夢見我。在台灣、各地都有這種情況，他就東找西找：「有這麼個人嗎？」「有！」他找到電話了，打給我。我也不知道，我丈二和尚摸不著頭腦，我不認識他啊。我說：「你找的不是我。」他說：「是你。」我說：「不是我，真不是我。」「因為我一天求地藏菩薩加持眾生，你夢見的是地藏菩薩的化身，不是我，我是請地藏菩薩這樣度眾生。」這類事，我們每位道友都遇見過。或者你發菩薩心了，你說我要度人，你的朋友，不論親友，他會夢見你了，他打電話：「我夢見你了。」夢見你幹什麼？想把你所知道的、學的佛法給他一點，他又有苦難了。大家懂得這個，就多發菩提心。

我講講菩提心，大家聽到也很多了，各地方講解的不同，我是根據密宗、顯宗。你要問我是什麼宗，我沒有宗，我是釋迦牟尼佛那一宗；如果要我分的話，我是釋迦牟尼佛宗。我最初學的是華嚴五教，突然間又學天台學四教。學完四教了，又學戒律；學五教的時候，帶著學戒律。後來跟弘一法師學了戒律，學戒律，就只有大義。然後學密宗，我不是真正想學密宗，想即生成佛，我是想了解這是什麼回事。我這個人有點鑽牛角尖，我跟哪一個老和尚學，跟誰學，我想就知道這是怎麼回事，學佛法，我要親身來試驗一下。

學了密宗，我才知道什麼叫即生成佛，什麼叫受灌頂。完全不是那麼回事，跟我在大陸學的完全不同，西藏的規矩非常嚴謹，人家也沒有什麼密宗啊，那是我們設立的。我們叫人家「活佛」，西藏沒有「活佛」這一說，他叫「祖別古」（藏語），「祖別古」就是轉世再來度眾生。人家沒有說「我是活佛」，沒有這種說法；說：「我就是釋迦牟尼佛！」「我就是佛再來了！」沒有啊。我解除很多疑惑，到了西藏我才知道。

所謂密宗，西藏教義，跟我們一樣的。不過西藏的教義有系統，有顯宗的次第，就是菩提道次第，有密宗次第，最後還有圓滿次第，圓滿次第到究竟，就是你現前一念心。現在你跟大家說，他信嗎？他不信啊！只要你把現前一念心掌握明白了，時時對治煩惱，時時消滅煩惱，降伏煩惱，斷煩惱，你就成佛了，很簡單幾句話。囉嗦起來，寫本書，三藏十二部，你去學吧，你越學越糊塗，鑽進去了就出不來了。

你必得一步一步的，不要要求很高深。你要把你現前一念心時時觀照，別走錯路。若在禪宗，畫了一個空的大圓，然後畫一頭牛，一個小牧童牽著那頭牛，時時的注意牽著那頭牛，要你的現前一念心時時注視，不要走樣，不要傷及禾苗，跟法性相違背的事一點都不做，很簡單。圓滿次第是什麼？心心向著三寶，心心都是壇城。

好多人說，佛教越秘密越靈，越有人信，越有人拜，越有人給錢；給了錢修大廟，修了大廟，想做的事業就完成了。釋迦牟尼又沒這樣做，釋迦牟尼修了幾個大廟？辦了好多佛學院？講《金剛經》的時候，就是一坐，圍攏來，這就說了，說完了就說完了，我們還要講說一、兩個月。釋迦牟尼佛吃頓飯，吃完飯了，大家談談天，談完了就完了，就去做了。

佛說法的時候，是由阿難結集，因此，阿難完整聽聞了佛所說的法。其他的人，有的是半途來，佛講經，他不知道，在其他地方行化，趕來聽佛講經的時候，佛差不多說完了。怎麼辦？佛於是造偈頌給他說一遍，長行重頌。所以佛經上很多偈頌，是給後來的人說的。他說了一會就是一會。

一九三六年，我在長春般若寺講經時，才二十二歲。大家看〈影塵回憶錄〉，就可以知道。講經的台子很高，我花很長的時間才陞上座。八個小和尚，端香爐的，端香盤的，兩個坐上去升揖的，事情非常多，拿提杖的，拿香爐的，之後陞上座了，維那師唱香讚，最少二十幾分鐘，就唱：「法筵龍象眾，當觀第一義，諦觀法王法，法王法如是。」有的唱「爐香乍爇」的香讚。這一香讚，維那師要顯示他的喉嚨，梵音嘹亮，就在左一個彎、右一個彎，把你的思想昇華到天上去了，之後才下來。這個時候座上的師父心裡頭靜得不得了，才開始講經。下了座，一座起碼三個鐘頭，前面跟後面就去了差不多快兩個鐘頭，真正說法的時間不長。

你一定要從淨心、觀心，來修皈依佛、皈依法、皈依僧。也許你認為誰都知道這樣，不見得如此，我看好多人還不知道。你要怎麼修呢？你就一步一步修。最初你實在觀想不起來，你可以這麼念誦。觀想起來了，觀想釋迦牟尼佛的白光，注入你的身心；觀想佛像，觀想佛的光明。修藥師佛的，觀想藍光；修阿彌陀佛的，觀想紅光。這當中夾雜觀想法，是要靠道友自己的觀想力。如果你不夾雜，只要皈依佛、皈依法、皈依僧，你心裡就想到佛、法、僧。如果你不想佛、法、僧，你能念嗎？當你念佛、法、僧的時候，還有什麼貪、瞋、癡煩惱介入進來呢？如果有煩惱的時候，皈依佛、皈依法、皈依僧，好好淨心一下，境界相馬上就變了。這就是淨心、觀心的最初方法。

如果再深入解釋佛像，解釋這些佛教的名詞術語，你的心就亂了，你觀想不到，治服不了煩惱，你就多觀想心。若你修那一個法門，就要另外學習，不是我這一座。一定要用皈依佛、皈依法、皈依僧對治你現行的煩惱，你很容易做到。你如果要想夾雜這些功力，多做做觀想，觀佛的光明加入你的身心，最後觀想阿彌陀佛進入你的身心，或者釋迦牟尼佛進入你的身心，你把自己變成佛了。法就是你的性體，就是法性；僧，就是你現前的身體。你這樣觀想也可以。這是功力強的，功力不強的，越簡單越好。

今天有位道友跟我談，談了很多《楞嚴經》、密宗的問題，他的理解力很不錯的，他的學習也很深，但是他要用的時候用不上。原因是什麼呢？經論的道理要經過幾十年的磨練，這個我是深有體會的。西藏佛教是從最初的祖師一代一代傳下來的，蓮花生大士有蓮花部的四加行，格魯巴有格魯巴的四加行，噶舉巴、薩迦巴、寧瑪巴，各有各的四加行，都得修啊。不論你學西藏的哪一派、哪一教義，都必須學顯教。如果你沒有學過五大論，就修密宗，上師要跟你講清楚的。

我在西藏的時候，在三大寺學顯教，要二十年。三大寺分成四個分院，依規定一個分院是一千人。一個分院有幾十個「康村」，「康村」就是小院，看你是哪個地方來的，就安排住在同一個小院。例如「假容康村」、「卓馬康村」、「紮上康村」，有蒙古來的，有青海來的，有西康來的，有漢地來的；因為你們是同一個家庭來的，大家語言也通，互相障礙少。小分院，就叫「康村」。

從你入了「康村」，入級度起，我們就掛了名了，屬於三大寺的人了，這叫「級度」。級度是年紀大的不收，不得超過十歲。我是特殊的，我沒有修幾個月就退出了。我那一班都是小孩，年紀大的跟你搗蛋，一直跟你開玩笑，你得用語言溝通。學顯教，一年一班，進到第二十班；畢業了，考格西，就像我們要考大學文憑。之後，堪布批准了，每天露天上課的時候，一班五十個人，分為好多堆，幾十人圍攏一堆，下雨也在那兒聽，不過，西藏下雨的時候很少，一年升一班，一共有二十班。

你在「札倉」、「中院」裡頭，考上格西了，「中院」許可你畢業。按照規定，色拉寺是五千位喇嘛，哲蚌寺是七千位喇嘛，噶當寺是三千位喇嘛，但是後來都超出這個數字了，人非常多了。之後再考試的時候，全寺都向你辯論，你一人坐在高座，大家提問題，那種問題不容易答覆啊！

我舉個例子，他們問你：「釋迦牟尼佛是不是人？」「釋迦牟尼佛當然是人，降生在印度。」「釋迦牟尼佛是不是佛？」「是佛，他成了佛，就是現在所知道的釋迦牟尼佛。」「十法界，有沒有又是佛，又是人，你怎麼分別？十法界，人是人，佛是佛，你怎麼畫分呢？」你怎麼答覆？口說不行，辯不行，你得引經論，《阿含經》怎麼說，〈俱舍論〉怎麼說，〈大乘莊嚴經論〉怎麼說，〈現觀莊嚴論〉怎麼說，〈瑜伽師地論〉怎麼說，你必須舉出來哪一本、哪一頁、多少頁、多少行。

在西藏，不是我們講你們聽，他們是從小孩起就背，背完了上課了，沒有老師給你講。一個學生站在中間，大家就提出問題來辯論。你要是記錯了那是多少頁、多少頁，之後，他們來羞你，大家就說你腦殼「地里呢可樂松」（即增加他智慧），你太愚癡了，為了增長你的智慧，回去好好念。在西藏，大家都是用背誦的，你要是問他，他答覆如流，哪部經、多少行、多少頁。你問我們漢僧，我們只講大義，根本不背，他們是全部背起來。

二十年畢業了，你背了許多經論。你要是在考試的時候，誰問你，你都能答覆得了，那就不是一本經論可以面對的，需要融通許多經論。他們問你這部經這麼說，那部經為什麼那麼說？你必須融通起來，你要答哪部經怎麼說，你得舉事實例子，不是空口說話。我要是對我們這邊的道友提問題，我問你，哪部經、多少頁、多少行，你一個也答不出來；你早忘了，哪有那個記性。

在西藏你要請老師開示得先舉出例子來，〈瑜伽師地論〉第二百二十頁，或者是多少行的那句話，我不太理解。師父馬上就跟你答了。如果他記不得，馬上就把經論拿出來，照那段經論給你答。有的師父年紀大了記不得，他拿著經書一翻，馬上就給你答，是這樣的。

二十年畢業了，在「札倉」考上了，又到全寺考上了，之後還有「大昭寺」。「門郎欽波」，就是大昭寺的「門郎欽波」，全西藏的喇嘛都來。你放「檔假」，「檔假」就是做法主。就像玄奘法師在大阿蘭陀寺，全印度的人，不論外道、佛道都來問你，你答覆吧。如果答不出來怎麼辦呢？砍腦殼。如果有人把玄奘法師問住，他自願把腦殼給你。所以玄奘法師在印度出名，沒有一個提出問題能問倒他的，提問題的人不敢提了，沒有辦法。要有這樣的智慧。

你考上「阿榮巴格西」，三大寺才承認你是真正的格西。或者起碼你得在你的寺院裡頭考上格西，你才能進入密宗院。密宗院在拉薩市裡叫小昭寺，密宗院不收多，僅收五百人。到了密宗院，先學五年，你才能受灌頂。你得能拿「糌巴」跟「麵粉」這麼一捏，就捏出個壇城來。你要修行得有壇城。大家受過灌頂，看見旁邊的壇城，這是喇嘛自己做的！你得會做壇城。你要不是學顯宗學得開智慧的話，你根本做不了。你看西藏拿酥油做的花，到了臘月二十五，宗喀巴大師的生日，你可以到三大寺，去看喇嘛做的酥油花。這樣學五年會做壇城了，才能夠受灌頂。受了灌頂了就必須去閉關，最少三年，或者五年，或者十年。閉了關，這個法修成功了，就可以了。之後，你的本尊上師許可你給人家灌頂。

大家算一算，一共需要好多年？顯宗二十年，你起碼得十歲，或者是五歲，二十年下來，已經二十五歲了，最大的是三十五歲。再進密宗院學五歲，就四十歲了，再閉關，一出來起碼四、五十歲以上。在西藏真正做一位「噶丹赤巴」，或者大喇嘛，沒有六、七十歲以上的人是不可能的，他們的修學過程限制他了。

我到西藏去，知道兩位大德，那是西藏清末民初的聖人，一位是康薩仁波切，另一位是頗邦喀仁波切。學密宗的人，很少不知道頗邦喀仁波切、不知道康薩仁波切，這是當代的修行人，再加上過去行苦行的密勒日巴。西藏不分哪一派，真正有道德的是不分宗派。

大家已經知道密宗的大概情形。當你受灌頂的時候，你考慮考慮：「我自己是什麼程度。」當你受下來，「我念念咒也可以了，師父加持我，我念念。」你受灌頂的時候，你起碼得持十萬遍；從受灌頂的那天起，必須受持十萬遍，你才能做別的事兒。如果這個基本要求沒有做到，受了灌頂，出來離開上師，灌頂就還給他了，上班的上班，做生意的做生意，你去幹什麼？作秀去了！種個善根而已，這是學密宗？

學佛法，聽到了、聞到了，就要思，之後就要修。我們聽課的時候聽完了，回來有一段空閒的時間，自己沈思一下，把聽到的話，思惟一下。不思惟，你一走就忘了。經過這一段沈思，掌握住它的義理、精神，之後你才走，重聞入於心，「反聞聞自性」，聞不是耳朵啊，要入到你的內心。入到內心你再翻出來。我應當怎麼做？對於今天所說的這些毛病，我有沒有？有，我要對治了。我過去是不是像師父講的那些情況，我也這麼做過？沒做過，從現在開始我要這麼做。

我回大陸去，問我們那些受苦難的還俗的道友們、受戒的戒兄弟，差不多一、兩百人，都八十多了，大部份還俗了。你要是說讓他們再回佛教來，死都不幹了，他們說：「我不再受第二次苦了。」這樣子，很危險。佛早就說過，在你遇到一切命難的時候，寧可持戒而死，不可破戒而生。儘管你當時已經犯了，還俗了，現在又有機會，你可以重新受，重新再入。

如果以前犯戒了，以後懺悔，還是清淨的；如果以前持戒，以後犯了，非下地獄不可，那是決定的，明知故犯。你不知道佛法，你只有一個性罪，不犯遮罪；你已經知道佛法了，遮罪比性罪還厲害。大家聞到佛法了，不再繼續造業，以前的罪就可以懺悔、消失；如果聞到佛法了，佛叫你不能這樣做，你還是照樣這樣做。你已經結婚了，還在外頭亂搞，這就是性罪，雖然不是什麼槍斃的罪過，但是，在佛教可不行了。如果你明知道偷別人的東西不對，你受了戒了，你還去偷別人的東西，這又不同了。

要是有人勸你受五戒，我都勸大家先不要受五戒，你先把五戒學習學習，等你學習好了，不要再增加另外的負擔。還有大家信佛之後，入了佛門，一定記得，學佛是求解脫的，我這裡講的是解脫道，不是求煩惱，一定要記得。還有，你到了寺廟裡來，是求懺悔，是來燒香供佛。

最後大家迴向。「願以此功德，莊嚴佛淨土，上報四重恩，下濟三塗苦，法界有情眾，同生極樂國。」「法界有情眾」這一句是我自己加的，如果大家按「若有見聞者，同生極樂國」迴向，也可以。我感覺我們這兒關上門，人家也聽不見、見不著，我就全都包括了，叫「法界有情眾」，所以才改了這些字。我跟大家說明了，不然別的人會說：「他怎麼隨便改！」

第六講　發菩提心

我們已經講了五座了，要講的基本上都講完了。最後再囑託大家，不要忘了念佛、念法、念僧，這樣修行就夠了。你如果在三年、五年之後，或者再問到你還有沒有念，你說：「念啊！一天沒斷。」你就很了不得了。

我們心地當中只要這樣念，我們的心漸漸就轉化了，遇到一切不遂心的事，要發脾氣的事，乃至有些災難產生了，當你念三寶的時候，你就心平氣和。我們都說是觀世音菩薩感應，你不曉得你自己就是觀世音。當你念的時候，你的心跟觀世音菩薩的心合成一體了，所以說觀世音菩薩的加持，就是你自己的心加持你自己。佛法最深的地方就是如此，無論你修學的是密宗、顯宗，或是《華嚴》、《法華》。佛在《法華》授記成佛，是授你的心，你的心本來就是佛，佛不授記也如是；經由佛的證明，使你認識更清楚了。

千萬不要忘記你自己的心，但是我們很少想到自己的心。我說這個心，不是你現在打妄想的糊塗心，這個心是糊塗的、沒智慧的，我說的是你原來清明本體的心。

這裡有幾個問題，我先答一下，再繼續跟大家講怎麼樣發菩提心。

有一個道友問我，說我曾經講過：「假使熱火輪，於我頂上旋，終不以此苦，退失菩提心。」這是什麼涵義？這是說我曾經在監獄住幾十年，他說：「你用什麼降伏你的心啊？」我就用這個心。《楞嚴經》上講，說是一位佛子，受了三皈依，皈依佛了，他遇到一些災難了，還信不信佛呢？就是這麼一句話，他堅定不移，還是信。就像什麼似的呢？就像在我們頭頂上，一個熱火輪在那邊轉，這種苦是受不了的。不能因為這個苦，把我們的菩提心退了，就叫菩提心。因為你有這麼一念心，就使你度過一切災難。在你想苦的時候是苦，但你一想到「我是佛子」，佛子就不因為世間苦，失掉清淨的真心，不會在威武、金錢的面前，否定自己的信仰，涵義就是這樣。

他問我當時在那個環境，什麼因緣想起來的。這有什麼因緣呢？苦難一來了，皈依三寶了，例如我勸大家念佛、念法、念僧，當你苦難一來了，你想起來：「佛要加持我啊，我皈依佛、皈依法、皈依僧。」因為在你心裡有這麼一個種子，遇到那種機緣，就顯現了。

例如你肚子餓了，想吃飯吧？這很簡單，肚子餓了想吃飯。當你苦難的時候，你會喊媽媽，好多人：「哎呀！我的媽啊！」自然流露的，任何人在苦難的時候，著急了，他會想起他的媽媽，別的想不起，因為是慈母。所以我們天天迴向的時候，要報母恩。

我跟很多的道友談過，要是對他媽媽抱怨了，或者說不好的話，我說：「你這是極大錯誤的，你要是信佛的道友，佛不承認你是佛子。為什麼呢？你媽媽生你的時候，在媽媽的胎藏，媽媽所受的痛苦，你是沒法體會，你是不知道的。」四重恩就是母恩。大家學《地藏經》，地藏菩薩就是報他母親的恩。有兩段，第一品乃至於到第四品，都是報母恩。

因此，你要是問我：「為什麼想起來呢？」就是你過去的種子，到你苦難的時候自然就想到了，想到佛怎麼教導我的，我應該怎麼樣做。第二個問題，要我留個地址、留個電話。因為我住無定處，雖然住在美國，我先住在紐約，後來又住到三藩市，最後又經常到溫哥華講經，乃至到台北，一年到處轉，大家可以追蹤好了，看我在哪兒。

我曾經講過，定業要是可轉，沒有因果了；定業不可轉，就沒有人成佛了。那就是說，佛力是不是能抵得住業力？你是問我這個問題。業力得你自己抵、自己消；自作業，你要自己受。所以過去有這麼一個故事，說老虎的脖子上栓了一個鈴鐺，誰敢去拔啊？誰栓上的誰去拔。很簡單，所以解鈴還需繫鈴人，你造的業是你自己去消。

這兩句話似乎很矛盾。業要可轉，沒有因果。因果定律，因果是絕對不錯的。業如果是定業了，要是能轉了，就沒有業了，還講什麼因果呢？可以轉嗎？如果所有眾生的業不能轉的話，哪一個眾生也成不了佛了，我們的佛種就斷了。

為什麼我們要學《般若經》呢？等你有了般若智慧一照，什麼叫定業？你能把你的業拿出來顯示一下嗎？什麼叫業啊？業性本空，業沒有體的。業是有個決定的什麼樣子嗎？過去就沒有了。「業性本空唯心造」，業是由你心造的。你開了悟了，或者你成道之後，有了般若智慧，業還有嗎？連你的妄心都沒有了。那種懺悔才叫真懺悔，「心亡罪滅兩俱空」，心也沒有了，業也沒有了；「是則名為真懺悔」，還有什麼業可轉，還有什麼是業？這是到了義、究竟圓滿的時候，這樣來解釋的。

至於說佛，說眾生，都是假名，這只是一個標示而已。佛也是假名，因為有些眾生，沒有明白自己是佛，才說這個是佛。如果眾生本身、本性都是佛，佛也是假的，不是真的。釋迦牟尼佛相，這是假相。當你沒悟得的時候，假的就是真的；當你沒明白的時候，你對你的肉體，人家打你、罵你，你會煩惱的。當你真正空的時候、悟得的時候，肉體是假的，他罵也好、打也好，跟你好像沒關係似的，砍你一條膀臂你也不知道痛了。

古來祖師在受刑的時候，砍他一刀，他說：「將頭臨白刃，一似斬春風。」你一砍我腦殼，好像你的刀在空中砍一樣。過去我們有一位祖師高妙峰，他住在五台山，壽命盡了，小鬼來抓他抓不到。滿山都找，沒有這個人，沒有人知道他住在那裡。小鬼就請出土地公，土地公說：「他在入定。」因為僧人一入定，他的肉體看不到的，他跟山河大地，跟空結合一起了。你只能看到空，什麼都沒有的。

小鬼就請問土地公說：「我們這樣交不了差啊！有什麼方法能把他引誘出來？」他說：「他還有一件事沒放下，還沒修成。他有一個鉢，吃飯的飯碗，他非常喜歡這個鉢。你要是一敲他的鉢，你就把他逮到了。」

小鬼就照著土地公說的，就敲他的鉢；一敲，就看到他在那兒坐著，並沒到哪兒去。小鬼一鎖鍊就把他鎖上了。他一詫異，高妙峰問他：「你為什麼鎖我？」小鬼說：「你壽命盡了。你啊！假修行，不是真修行，你還愛這個鉢，我們才能把你拿到了。」高妙峰說：「我就這件事放不下。現在也被你們拿到了，好啦，再給我看一看。」小鬼想：「這會兒你跑不了了，把你鎖上了還跑得了？」小鬼把鉢遞給他的時候，啪的一摔。高妙峰在摔的時候，那小鬼再一勒他，鐵鍊子沒有了，勒到空中了。他就說：「要拿老僧高妙峰，除非鐵鍊鎖虛空；要還鎖得虛空去，再拿老僧高妙峰。」

大家有沒有理會這個意思？定業不可轉？三昧加持，三昧是什麼呢？就是他修的功夫，到了空境了，成了般若境了。諸法皆空，因為能空的時候就能現一切相，能現一切相而一切相不執著就是空。這是很微妙的，也不是大家現在能學的、能入的，得一年一年的、慢慢的功夫，這就是般若智慧。「觀自在菩薩行深般若波羅蜜多時」，就是這個般若，能照見五蘊皆空，色、受、想、行、識都沒有了。

因為這兩句話是很深的意思，因為經常有人這樣問說：「師父啊！我的業能轉不能轉？」看你自己轉不轉，就是這個涵義，你修行的功力不夠，不能轉，為什麼都能夠變化啊？因為業跟心是一個，不是兩個。煩惱跟菩提是一個，不是兩個，所以說煩惱即菩提，生死跟涅槃是一樣的。生死本來有生滅，涅槃是不生滅，生滅是對著不生滅說的，不生滅是因著生滅而起的，生滅、不生滅原來都沒有。

如果我們對初學佛的人說「沒有」，他說：「我學啥啊？學了半天，什麼都沒有！」你怎麼能證得那個「沒有」？所以這種話，不常說的，除非深入研究大乘經典，不然怕人犯錯誤。像《維摩詰經》，文殊師利問維摩居士說：「如何是戒、定、慧？」他說：「貪、瞋、癡！」貪瞋癡跟戒定慧是相違背的，為什麼問戒定慧，卻答貪瞋癡？戒、定、慧這些法沒有自性的，貪、瞋、癡的性即是戒、定、慧的性，戒、定、慧的性即是貪、瞋、癡的性。所以你問什麼是戒定慧，貪瞋癡就是戒定慧。沒有貪瞋癡，修戒定慧幹什麼；沒有戒定慧，貪瞋癡要怎麼斷呢？假名安立一切法。

初學的時候，你不能涉獵這麼遠，你得一步一步來，皈依三寶，受持五戒，然後一步一步的修行，從「有」消滅，漸漸達到「空」。

這個問題，我這樣給你解釋很多了，我這個話也說得很多，因為不這樣說，我們初學佛的人還是不容易入的。

「佛說：苦諦實苦，不可令樂，集真是因，更無異因。苦要滅者，集是因滅，因滅故果滅，滅苦之道，實是真道，更無餘道。」有人引述這段經文來問我，這是《阿含經》裡頭的話。

佛說的苦集滅道，苦是果，集是因。為什麼要受苦果？為什麼要受苦？你自己做的，集是招感來的。你自己招感來的，你自己受苦，不是平等的。所以，在這個世界上，為什麼有窮的、有富的、有壽命長的、有壽命短的。有些你看他很冤枉，明知道那事不是他做的，硬安在他頭上了，這不冤枉嗎？他過去冤枉別人，今生來還報了。若是知道三世因果、知道過去，平等平等。你自己做的，現在你自己受，沒有冤枉事。

如果你學佛法學通了，你感覺世界沒有不平，是真正平等。自作業自受報，有什麼不平的？誰加給你的？你自己加給你的。如果你沒這個業，你不知道果，你根本想像不到。

我們說一個很簡單的例子，有沒有土城的看守所？我們每一個人不會答覆說是沒有，你去過、住過好多天啊？他跟你沒有關係。雖然是「有」，「有」如同「無」，對你來說「沒有」。因為你沒這個業，就「沒有」。你看那棟大樓很好，房子裡很漂亮，你沒那個業，不是你的，「有」等於「無」，「沒有」。

我在大陸上，經歷兩次戰役，一次抗日戰爭的時候在台兒莊，人死的情況，等於拿血洗城，死幾十萬人。後來國共兩黨又在那兒作戰，徐蚌大會戰，死了幾師人。死得太慘了，我說：「你有沒有啊？」「當然沒有我，有我，我跟你說話？」「沒你，跟你沒關係。」「怎麼沒關係？」我說：「你沒那個業，就是沒關係。」我說：「你聽都沒聽到，你連聽的業都沒有。」很多人都沒有聽到，你連聽聞這個業都沒有，《地藏經》上說的，說那個業很重、很苦，對你沒關係。

一九九二年我們在美國，那一年巴哈馬群島的安德魯颶風，真慘，風一吹過去，幾秒鐘之間，多少棟樓房，死的人不說，樓房癱塌沒有了。我們好多都沒聽到，什麼叫「安德魯」啊？這是風的名字。我們有看的業，而後要想去看看。大家就沒這個業，就沒有去看。所以，你沒有這個業，對你等於什麼都沒有。你有這個業，你想躲、想跑，跑不了了。

業果都是自造的，所以你的苦是你自己招感來的。怎麼辦呢？佛就教導你一個方法，要修行，要修道。修道就先發心，發完心要找到這個道。像你要到清泉會館來，不管打哪兒來的，你得先問問路，車要走哪條道，你才能開到這裡來；如果你不問路，你盲目開，你不知道要開到哪裡去。道就是這樣的意思，所以你要想證到寂滅的理，你就先跟佛學一學，他就告訴你怎麼修道。

道是因，滅是果。那一個是世間因果，這是出世間因果，這是苦、集、滅、道。我們一般的人都不願學這個法，因為我們中國人喜好大法，一聽：「哦！小乘法，我不學。」你不學，你真受苦。一邊受苦，一邊造業。在苦果上他怕，想躲避；在造業上他就不怕了，他拼命的造，再造就再受。

我們佛教有兩句話，說：「菩薩畏因、眾生畏果。」菩薩一起心動念，他恐懼得不得了，他絕不敢做錯事。眾生非得受到苦了，他才怕；他造的時候，膽子大得很，什麼業他都敢造。等到受的時候，他就不行了。

這是苦、集、滅、道四諦大概的意思。你要滅苦嗎？修道，別造業，別造苦的因，就不會得到苦的果，很簡單。

「佛言：人有眾過，而不自悔，頓洗其心，罪來復生，如水歸海，見能生者。若人有過，自解之非，改而行善，罪自消滅。」這句話是佛教導的，你是不是要我給你解釋，還是不懂得這句話？很淺顯啊！

佛的意思是說，眾生沒有不犯錯誤。因為你的心，如沒有得到真正的真心，得到妄心，隨著貪欲，一種是自心的、原來的、根深蒂固的習氣，外邊境界相太多了，你想不做都不可能，這是外邊的熏習力。還有一種逼迫力，你不做也不行，不做當然就吃苦。

例如美國的一間高小，高小跨初中這一班的同學，五十多個人，每個人都吸毒，大的才十三歲，都是小孩。你理解為什麼？這個學校裡頭，毒販子先給幾個孩子吸，吸完了讓他到學校裡頭銷售。最後幫派越來越大，你不吸就派幾個人打你，你得學著吸。吸上癮了，你就偷錢買毒品。

這就是業所感，為什麼他生到那個環境，又住那個學校呢？這就是業。這種業是逼迫的，你怎麼樣消除？如果父母知道了，轉個學校，然後讓他戒掉。但是吸毒容易，戒毒可難了，混身痛苦得厲害了。如果吸過毒的、戒過毒的，你問他，那比死一回還難過，他寧可死了；但他都還要去吸。這叫業不由己，你若有那個業了，你想自己不再做，都不行，那業會促使你做。不是罪來附身，是你的因成熟了，果，你非受不可。如果你不造那個業，你沒有那個因；沒那個因了，你不會受那個果。

大家可以從現實生活當中體會。有些人他不害病，身體非常好，從來不知道什麼是病，別的罪他可有。為什麼呢？他前生很少殺生，他不受那個餘報。有的人，不論多麼富貴，一直就是病歪歪的，那就是他殺業很重。你可以自己知道，過去你怎麼做的你是不知道，前生你怎麼會知道，沒那智慧；你今生受的，就是你前生所做的。你看人家做事情都順順當當的，一到你做了就捆捆綁綁，總是磕磕碰碰不容易，為什麼？你前生就不給人家說好話，盡對人家的事兒破壞，今兒遇到你了，人家也都破壞你。怎麼辦呢？你要懺悔，就是悔改。「我見誰都隨喜、都讚歎，盡說好話，要成就別人的事情」，你漸漸就轉了。這個道理是很簡單的。最後跟大家講講發菩提心。

菩提心在各個經論講的大體相同，但是，名字不相同。〈大乘起信論〉

是結合了一百部大乘經典，馬鳴菩薩作的。他講菩提心，是由三種心成就菩提心，直心、深心、大悲心。第一種是直心，直觀本體，就是看一切，在法看法性，在人、有情看佛性。

直觀本體，就像我們禪宗，「父母未生我以前，誰是我？」或者提一個話頭，「南無阿彌陀佛」，念佛的是誰？誰在念？口念嗎？口不能念，口被心支配。哪個心念呢？真心？妄心嗎？你就問，你就參。念佛是誰？誰在念佛？這都是參。這種的功夫叫什麼呢？叫明心，找真心。現在這是妄心、狂心，「狂心頓歇，歇即菩提」，就是你一心正念真如，就是觀察自己本來性體。

現在我這個身死了，心還在不在呢？腔內的心也隨著死了。我們說靈魂、靈識，他死了，靈是不是真心呢？也不是的。在佛教的名相上講，眼、耳、鼻、舌、身、意，第七末那，第八阿賴耶，阿賴耶裡頭含著有一部份真、一部份假。所以那個執著為我的我執，是第七末那，不是現前的心，不是肉團心。這個學起來就很深了，我大體這麼說一下。

直心正念真如，就念我們那個原來跟佛無二無別的本具足的妙明真心。

說妙，就不可思議；明，光明遍照。那才是我們的心。現在我們就用眼、耳、鼻、舌、身、意、末那，再加第八阿賴耶識妄分，把我們的真心給遮住了，不得顯現了。

所以百部大乘經典都有直心正念真如，就是觀想，修成道，也就是我們上回講《占察善惡業報經》的後半部經文。為什麼要拜懺？為什麼要修行？消業障。消了業障，而後修定、修慧，才能達到一實境界，一實境界就是我們的妙明真心。大家可以看《占察善惡業報經》，前半部是為了後半部做準備的，為修行。這叫直心正念真如。

第二種是深心，要盡一切諸善行。我們所說的，哪管是一點小的好事，我們都要做；一點小的壞事，不做。傷害人的，半句話都不說；成就人的，要說多少都可以。在戒裡頭，這就是深心，要盡一切十善法。十善法界就是表現我們的真心，之後用律儀來防範、來設立，使我們的真心不犯錯誤，饒益一切眾生。

這是三具戒。菩薩受戒，大小乘的，三具戒都包含在裡頭。饒益一切眾生就是大悲心。這是直心、深心、大悲心，這就是菩提心，三個具足了，才是菩提心。菩提心就是覺心，覺心就是明白，一切你都明白了。妙明真心不為一切污染所染污，你有大智慧了，什麼都知道，無所不知，無所不曉。

在密宗裡頭講菩提心，第一個是出離心。對三界的苦難你看得太多了，要離開，要出離。如果沒出離心的人，學道、皈依三寶，學不好的。因為貪戀這個世界，一貪戀這個世界，貪、瞋、癡、慢、疑等煩惱把你咬得昏頭轉向，你就沒辦法修。所以必須要出離。

出離就是在五濁惡世裡要出離這個世界，得具足這個心。對這個世界，無論多好，你不貪戀了。而且這個世界，你真正分析觀察起來，沒有一樣好的，沒有一點點好的。要修出離心，得修這個觀照。

你自己出離了，不行，你要度六親眷屬，要度眾生，你得發大悲心，不發大悲心成不了佛。第二個菩提心，大悲心。觀見世界這麼苦，自己想出離，又不忍心讓六親眷屬、所有眾生受苦，我又得度他們，讓大家一起出離。

這就是我們念《心經》：「揭諦揭諦，波羅揭諦，波羅僧揭諦，菩提薩婆訶。」就是出離出離，大家都出離；解脫解脫，大家都解脫；到彼岸到彼岸，大家都到彼岸；成佛成佛，大家都成佛。「揭諦揭諦，波羅揭諦，波羅僧揭諦，菩提薩婆訶」，這四句話包含的意思太多，所以不翻。包含好多呢？《心經》、《金剛經》、六百卷《大般若經》，這四句話就可以了，就包含這麼多。因此，得具足大悲心。有了大悲心，你還得有智慧。如果沒有般若智慧，你這個大悲心，落於愛見大悲。本來要你去度眾生，你度他，結果跟他講情愛，去跟他談戀愛，還怎麼度他了？把你也拽下去了，你還度他啊！本來要你去度眾生，你看他財富很大，你也跟他發財去了，起了貪心了。必須得有智慧，真正認清楚了，這叫般若心。

三心是一個心，菩提心，有出離，有大悲，有智慧，就是出離心的、大悲心的、般若心的。這講起來很多，菩提心有菩提心的專冊，像《華嚴經》〈華嚴三昧章〉，專講菩提心。善財童子五十三參，從最初開始發心，一直到成就，之後再回到文殊菩薩，完成了他最初所發的心。這就是菩提心，一部《華嚴經》就是菩提心。這個道理太深了，佛法猶如汪洋大海，如果大家有大智慧，想學，你能飲到一滴，知道鹹味了，就已經不錯了。可惜我們現在連一點味道都沒有沾，我這麼說一說，大家發一發菩提心，心嚮往之。我們就說到這裡吧！
最後祝福大家，不要忘了皈依佛、皈依法、皈依僧！

國家圖書館出版品預行編目資料

修習 / 夢參老和尚開示錄/夢參老和尚主講 ；方廣文化編輯部整理.
— 2版. — 臺北市 : 方廣文化, 2004 (民93)
面 ； 公分
ISBN 978-957-9451-86-4(精裝)
1.佛教說法
225.7　　　　93022500

修行

主　　講：夢參老和尚
編輯整理：方廣文化編輯部
封面攝影：道融
封面設計：大觀創意團隊
出　　版：方廣文化事業有限公司
住　　址：台北市大安區和平東路
電　　話：02-2392-0003
傳　　真：02-2391-9603

◎地址變更：2024年已搬遷
通訊地址改爲106-907
台北青田郵局第120號信箱
(方廣文化)

劃撥帳號：17623463　方廣文化事業有限公司
網　　址：*http://www.fangoan.com.tw*
電子信箱：*fangoan@ms37.hinet.net*
裝　　訂：精益裝訂股份有限公司
出版日期：2021年2月2版9刷 (修訂版)
定　　價：新台幣260元(軟精裝)
經 銷 商：聯合發行股份有限公司
電　　話：02-2917-8022
傳　　真：02-2915-6275
行政院新聞局出版登記證：局版臺業字第六〇九〇號
ISBN：978-957-9451-86-4
No.S902　　*Printed in Taiwan*

方廣文化出版品目錄〈一〉

夢參老和尚系列

書籍類

● 華嚴

H203 淨行品講述
H224 梵行品新講
H205 華嚴經普賢行願品講述
H206 華嚴經疏論導讀
H255 普賢行願品大意
H208 淺說華嚴大意
HP01 大乘起信論淺述
H209 世主妙嚴品(三冊)【八十華嚴講述 ①②③ 】
H210 如來現相品・普賢三昧品【八十華嚴講述④】
H211 世界成就品・華藏世界品・毘盧遮那品【八十華嚴講述⑤】
H212 如來名號品・四聖諦品・光明覺品【八十華嚴講述⑥】
H213 菩薩問明品【八十華嚴講述⑦】
H214 淨行品【八十華嚴講述⑧】
H215 賢首品【八十華嚴講述⑨】

● 地藏三經

地藏經

D506 地藏菩薩本願經講述(全套三冊)
D516 淺說地藏經大意

占察經

D509 占察善惡業報經講記(附HIPS材質占察輪及修行手冊)
D512 占察善惡業報經新講《增訂版》

大乘大集地藏十輪經 D507(全套六冊)

D507-1 地藏菩薩的止觀法門(序品 第一冊)
D507-2 地藏菩薩的觀呼吸法門(十輪品 第二冊)
D507-3 地藏菩薩的戒律法門(無依行品 第三冊)
D507-4 地藏菩薩的解脫法門(有依行品 第四冊)
D507-5 地藏菩薩的懺悔法門(懺悔品 善業道品 第五冊)
D507-6 地藏菩薩的念佛法門(福田相品 獲益囑累品 第六冊)

方廣文化出版品目錄〈二〉

夢參老和尚系列

書籍類

● 楞嚴

LY01 淺說五十種禪定陰魔—《楞嚴經》五十陰魔章
L345 楞嚴經淺釋（全套三冊）

● 天台

T305 妙法蓮華經導讀

● 般若

B410 般若波羅蜜多心經講述《合輯本》
B406 金剛經
B409 淺說金剛經大意

● 開示錄

S902 修行 ①
Q905 向佛陀學習【增訂版】②
Q906 禪・簡單啟示【增訂版】③
Q907 正念 ④
Q908 觀照 ⑤

DVD

D-1A 世主妙嚴品《八十華嚴講述》（60講次30片珍藏版）
D-501 大乘大集地藏十輪經（上下集共73講次37片）
D-101 大方廣佛華嚴經《八十華嚴講述》
（繁體中文字幕 全套482講次 DVD 光碟452片）

方廣文化事業有限公司
http://www.fangoan.com.tw